日本語教育への道しるべ

第2巻 ことばのしくみを知る

坂本 正 | 川崎直子 | 石澤 徹 〔監修〕
坂本勝信 | 手嶋千佳 〔編〕

シリーズ刊行に寄せて

　みなさんは、いつどこで「日本語教育」を知りましたか。日本語教育と出会った入り口や出発点はさまざまだと思いますが、日本語教育の世界を歩くためには、その世界がどのような地形なのか、どのように成り立っているのかを知ることが重要です。そして、歩みを進めた後も、自分が歩いた道を振り返り、時には全体像を確認しながら、これからどこをどう進むかイメージをすることが必要です。そのためには、この世界の「道しるべ」として、幅広くもベーシックな知識が重要になります。

　日本語教育は、その意味するところは文字どおり、「日本語を教えること」ですが、実際のところを具体的に考えてみると、ことば、社会、学ぶ人、そして、それらにかかわる人々のすべてが関連している領域です。本シリーズ『日本語教育への道しるべ』は、日本語教育の世界を知りたい方、歩みたい方、歩むうえで捉えなおしたい方に向けて、日本語教育の基礎となる幅広い事柄を考えてもらう目的で執筆したものです。特に日本語教育の入門書としてお役立ていただければ幸いです。

　本シリーズは、全4巻で構成されています。第1巻『ことばのまなび手を知る』では、異文化間コミュニケーション、多文化・多言語教育、日本語教育史、年少者日本語教育、国内・国外の日本語教育事情、言語政策と、日本語教育とその対象者である日本語学習者を取り巻く社会のすがたや時代の流れに関する事柄を整理してあります。第2巻『ことばのしくみを知る』では、日本語そのものをより深く観るためのはじめの一歩となるように、第二言語習得論、音声・音韻、語彙・意味、文法、文字・表記、社会言語学、言語運用論についてまとめました。第3巻『ことばの教え方を知る』では、日本語の具体的な教え方がイメージできるよう、外国語教授法、コースデザイン、初級・中級の文法指導、初級・中級の4技能の指導法、教案作成・実習、教材分析・教材開発といった内容をまとめて提示しています。そして、第4巻『ことばのみかたを知る』では、日本語教育の世界に歩き出した後も、日本語ならびに日本語教育を見つめ、捉えていくために必要なトピックとして、教育工学とICTリテラシー、言語能力の評価、日英・日韓・日中言語の対照、日本語

教育と量的研究・質的研究、日本語教育能力検定試験について記しました。

　この本の執筆には長年日本語教育に従事してきた、経験豊かな日本語教師がかかわっています。各章は、各執筆者が経験、体験したことをエッセイ風に書いた【Episode】で始まります。本論は、初学者でもわかりやすいように、できるだけ具体例を交えて書かれています。また、その章のテーマでとりわけ重要な概念や用語は太字にしてあります。さらに、本論の途中には、【グループワーク】が設けられていますから、考えてみてください。クラスなどで読んでいる人は、周囲の人と話し合ってみてください。本文の終わりには、その章のテーマの【最近の流れ】が簡潔に紹介してあります。【最近の流れ】は、時々刻々と状況が変化する世の中に合わせて、ご自身で興味を持ってさらに調べていただけたらと思います。そのお手伝いをするため、本論の最後に参考文献を載せてありますから、さらに詳しく知りたい方は、これらに直接当たって、理解を深めてください。章の最後には、【Challenge】が付いています。巻末には解答もありますから、その章で学んだことが理解できているか、各自で試してみてください。

　本シリーズを読めば、すぐ日本語教師として日本語を上手に教えられるというわけではありませんが、日本語教師として次のステップに進む大きな基盤を築くことができると確信しています。まずはご自分の興味のある巻から読んでいただき、日本語教育への理解を深めていただけたらと思います。また、日本語教師の養成に携わっていらっしゃる方には、本シリーズで取り上げた理論や用語の説明などに、さらにご自身のことばや例を添えて受講生の方に解説していただけたらうれしく思います。

　本シリーズの執筆にあたっては、凡人社編集部の渡辺唯広さんと大橋由希さんに大変お世話になりました。ここに名前を記して、厚く御礼申し上げます。

　本シリーズでの学びが、皆さんの世界を大きく広げる一助となることを心から願っています。さあ、日本語教育の世界に向かって、歩みを進めていきましょう。

2017 年 5 月
シリーズ監修　坂本正　川崎直子　石澤徹

はじめに

　第2巻では、日本語という言語がどのような特徴を有しているかまた、私たちがどのように使っているかを概観します。

　第1章「第二言語習得論」では、外国語をどう身につけるかなどを研究するこの分野が誕生した背景および、提唱された理論や仮説を紹介しています。外国語を学ぶとは、また、教えるとはどういうことかに関する基本的な知識が学べます。第2章「日本語の音声・音韻」では、日本語のアクセントやイントネーション、リズムと特殊拍（「ッ」「ー」「ン」）など、身近ですが、日常生活ではそれほど意識しない音を取り上げるとともに、子音と母音がどう作り出されるかを説明しました。読めば、自分が発する音と向き合うきっかけになるでしょう。第3章「日本語の語彙・意味」では、語彙と語の違いや語の種類や造り方などを取り上げて、次に、指示詞や類義語・対義語など、さまざまな語をグループに分ける方法を説明しました。日本語を外国語として考えてみるいい機会になるでしょう。第4章「日本語の文法」では、「国語教育」と「日本語教育」における文法の違いに触れた後、品詞、語順、文の種類などについて述べました。その後、初級レベルで扱う一般的な文法項目を概観しました。第5章「日本語の文字・表記」では、漢字、ひらがな、カタカナ、ローマ字といった日本語の表記に関して詳しく説明しています。漢字の部首や音読み・訓読み、常用漢字や現代仮名遣いなど、身近にある文字に関する知識が身につけられます。第6章「社会言語学」では、属性（地域・年齢・性別など）によって異なることば遣いやことばの多様性について考えます。女性ことば、男性ことば、方言など、聞きなじみのある項目を詳しく解説しました。第7章「言語運用論」では、普段私たちがコミュニケーションをとる際に、無意識に考えていることや行っていることを理論やモデルを交えながら紹介しました。コミュニケーションを成立させるために、私たちがさまざまな努力をしていることがわかるはずです。

　本書をとおして、日本語そのものに興味を持ってもらえれば、幸いです。

第2巻編者　坂本勝信　手嶋千佳

もくじ

シリーズ刊行に寄せて …………………………………… i
はじめに …………………………………………………… iii

第1章 第二言語習得論 …… 1

第2章 日本語の音声・音韻 …… 27

第3章 日本語の語彙・意味 …… 49

第4章 日本語の文法 …… 77

第5章 日本語の文字・表記 …… 107

第6章 社会言語学 …… 137

第7章 言語運用論 …… 165

【Challenge の解答】 …………………………… 185
あとがき ……………………………………………… 187
キーワード索引 …………………………………… 188
著者一覧 ……………………………………………… 195

第1章 第二言語習得論

　私たちはことばをどのように身につけていくのでしょうか。今、私たちが話している日本語は誰かに学校で教わったわけではありません。日本語の発音練習も文型練習も文法説明も誰かにしてもらったという記憶は全然ありません。みなさん、気がついたときにはもう日本語を話していたという感じではないでしょうか。それに比べて、多くの人が中学校から学んだ外国語の英語はどうでしょうか。英語の先生に教室で文法を習い、活用練習をし、会話文を覚え、和文英訳や英文和訳などの練習をしたにもかかわらず、いまだに日本語と同じようなレベルでは使えません。一体、何が違うのでしょうか。小さいときに知らず知らずのうちに身につけた母語と、中学から高校まで6年間も、またはそれ以上、学校で習った英語──。どうしてこのような成功度の違いが出るのでしょうか。みんなうまくなりたいのに……。

　小さいときから日本に来ている人で、日本人かと思うぐらいに日本語ができる人もいますし、大人になってから日本語を学び始めた人のなかにも日本人かと思うぐらい日本語が達者な人もいます。いったい何が違うのでしょうか。

　外国語を学ぶ人はみんなうまくなりたいと思っていると思いますが、ヒトが母語以外の言語を学ぶとは、一体、頭の内でどのようなことが行われているのでしょうか。どのような言語システムが頭のなかにできるのでしょうか。また、その言語システムをどのように身につけていくのでしょうか。それが、この章で勉強する第二言語習得（Second Language Acquisition, SLA）です。この章を読んだあなたは、外国語の学習方法が変わるかもしれませんよ。

1　第二言語習得論って？

第二言語習得論という言葉は、あまり聞いたことがない方も多いと思いますが、難しいことではなく、小さいときに自然に身につけた母語に続いて、何か言語を身につける場合、その言語をどのように身につけていくか、どのように習得していくかということを研究する学問です。

1.1　第一言語習得の特徴って？

母語（native language, mother tongue）のことを**第一言語**（first language）と呼ぶ場合があり、それを身につけることを**母語獲得**といったり**第一言語獲得**、または、**第一言語習得**（First Language Acquisition, FLA）といったりします。ここでは、第一言語習得という用語を使うことにします。

まず、第一言語習得は、驚くべきことに、世界中の子どもがかなり早い時期に大変高い類似性を見せることがわかっています（小柳, 2004）。例えば、幼児は人間の言語音の中のわずかな差も聞き取る能力を持っています（大人の我々はなかなかできませんが……）。paとbaとmaの違い、taとdaの違い、lとrの違いなどを聞き分ける能力です。生後2カ月あたりで、アーとかウーとか母音だけで音を出す**アーウー喃語**が、6カ月ぐらいになると、母音だけでなく子音も混じった喃語が見られます。喃語期の音には言語間で違いがなく、母語にはない音も出しているようです。子音などは、p、b、mなどの両唇音が最初に発せられ、舌先で出すt、d、nなどの音、舌の平面で作られるk、g、yなどの音がそれに続きます。

しかし、9カ月ごろ、つまり母語となると思われる言語に必要な音の組み合わせがわかるようになるとほぼ同時に、今までできていた母語となると思われる言語にはない子音の弁別ができなくなってしまいます。母語に必要な音を身につけることで母語に必要ではない音は切り捨てていくのでしょう。

さらに、大人が視線を向けるものに視線を向けるという**共同注意**（joint attention）を6カ月ごろから徐々にするようになり、9カ月ごろにはしっかりできるようになります。このころから、物の名前を覚えていきます。これを**「9カ月革命」**といいます。この共同注意ですが、以前は、チンパンジーは

できないといわれていましたが、現在では、チンパンジーも相手が同じチンパンジーだったら、共同注意をすることがわかってきました。しかし、人間の赤ちゃんは相手が人間でもチンパンジーでも共同注意をするようです。12カ月ごろになると、ほとんどの子どもは1語または2語を発話するようになり、それからどんどん言語が発達していきます。

1.2　第一言語、第二言語、母語、外国語

　第一言語 (first language) とは、ここでは生後最初に接触した言語のことで、それがしっかり発達した場合、母語 (native language, mother tongue) といいます。**第二言語** (second language) は2番めに言語接触する言語のことです。大人の場合は、言語的に安定した母語の上にもう1つ言語を習得することになりますが、幼児の場合は母語となるはずの第一言語が十分発達していない状態で、第二言語に長期間多量に触れると、第一言語が母語になりきれず、第二言語のほうが言語的に強くなってしまうこともあります。

　また、日本で習う英語や韓国で習う日本語などは**外国語** (foreign language) と呼び、一方、日本語を母語としない人が日本で習う日本語や英語を母語としない人がアメリカで習う英語などを第二言語といって、区別することもあります。しかし、広い意味で、どちらも2番めに身につける言語ということで外国語と区別をせず、第二言語習得研究の分野では第二言語という言葉を使います。さらに、第三言語、第四言語という言葉もありますが、それらも一般的には、第一言語以外のすべての言語という意味で第二言語と呼ぶことが多いです。

1.3　第一言語習得と第二言語習得

　ここでは、「第一言語習得（以下、FLA）」と「第二言語習得（以下、SLA）」の違いをいくつかの観点から考えてみましょう。話を簡潔にするために、SLAは大人が教室で第二言語を学ぶという場合を考えてみます。

　表1は、FLAとSLAの特徴を記述したものです。

表1　第一言語習得と第二言語習得の特徴

	第一言語習得 (FLA)	第二言語習得 (SLA)
①言語習得の成功の度合い	完全習得	バリエーションが大きい
②直感	あり	バリエーションが大きい
③言語指導	なし	あり
④誤りの訂正	あまりしない	よくする
⑤情緒的要因	あまりない	大いにある
⑥インプットの量	多い	少ない
⑦アウトプットの量	多い	少ない
⑧目標	母語話者になる	第二言語の運用能力をつける
⑨発言の自由度	非常に高い	非常に低い
⑩母語	なし	あり

　FLAは、順調に発達すれば、みんな母語話者になり完全習得しますが、SLAでは、人によってその上達度はかなりバラツキがあります。FLAは母語話者になるので、私たちはこの文は文法的にいいとか悪いとか直感がありますが、SLAでは、こういう文法性判断能力には個人差が大きいと思われます。言語指導に関しては、FLAはまったく明示的な指導はありませんが、教室環境で学ぶSLAでは、文法や言葉についての明示的な指導があり、言語指導はあるということがいえます。誤りは、FLAではあまり多くないと思いますが、教室環境で学ぶSLAでは教師がたくさん誤りを直しています。性格、動機づけ、態度などの情緒的要因は、FLAではみんな母語話者になるので習得にあまり影響はありませんが、SLAではかなり影響するでしょう。インプットやアウトプットの量に関して、FLAは一日中インプットに触れる機会があり、アウトプットする機会もたくさんありますが、教室のSLAでは、授業時間も限られており、インプットもアウトプットも量的には少ないでしょう。FLAに目標はないかもしれませんが、一応その言語の母語話者になることを目標としておきます。それに対して、教室環境で学ぶSLAの目標というのは、第二言語の運用能力をつけることでしょう。発言の自由度と

いうのは、話したいときに話せ、話したくないときは話さなくてもいいという自由度のことです。FLAはその自由度が高いと思いますが、教室環境で学ぶSLAでは、指名されたら話さなければならないので、自由度はあまりありません。最後に、母語ですが、FLAは母語を身につける最中ですから、母語はまだありませんが、SLAには、すでに母語は何語か身につけています。

> 〈グループワーク1〉
> ここではFLAとSLAの相違点を見てきましたが、今度は逆にどんな共通点があるのか、グループで考えてみましょう。

1.4 第二言語習得研究っていったい何をするの？

では、第二言語習得研究とは、いったいどんな研究でしょうか。第二言語習得研究とは、第二言語学習者の**言語能力** (linguistic competence) と**コミュニケーション能力** (communicative competence) を記述し、どうやってそのような能力を身につけていくのかを説明する研究です (Ellis, 1994)。

第二言語習得研究の目的とは何でしょうか。Ellis (1994) は、①学習者が何を習得するのか、②学習者が第二言語をどのように習得するのか、③学習者間で習得のしかたにどのような違いがあるのか、④言語教育は第二言語習得にどのような効果をもたらすのか、などを明らかにすることとしています。

2 第二言語習得研究ってどうやって世の中に？

ここで、第二言語習得研究という比較的新しい研究分野が生まれた背景を見ていきましょう。実は、語学教育と強いつながりがあります。語学教育の歴史を見ると、どのような教え方がもっとも効率的、効果的かと追究して、今までにさまざまな教授法が提案されてきました。しかし、多くの教授法はその名が示すとおり教師の視点に立った教え方に関するものでした。

2.1 2つの言語を対照する!?

　1950年ごろから積極的に行われたのが、学習者の母語と学習目標の第二言語とを、いろいろなレベル（音、語、句、文など）で体系的に比較して、その相違点を明らかにしようとする試みでした。これは**対照分析**（contrastive analysis）と呼ばれています。この対照分析の考え方は、Skinner (1957) に代表される**行動主義心理学**（Behaviorist Psychology; 客観的に観察できる人間や動物の行動を研究対象とする心理学）とBloomfield (1933) の唱える**アメリカ構造言語学**（American Structural Linguistics; 全体は要素により構成されるという立場から言語を1つの体系として捉え、音、語、文などの言語単位と言語全体との間に存在する規則的な体系的な関係を言語資料から客観的に研究する言語学）に基づいています。応用言語学者のFries (1945) は、最も効率的な教材は学習される言語と学習者の母語を科学的に記述して比較した結果に基づいていると主張しました。

　さらに、Lado (1957) は、母語と目標言語で似ているところは母語の知識を利用できるので学習が容易になり（**正の転移**、positive transfer）、異なるところは母語の知識を利用すると間違えるので学習が困難である（**負の転移**、negative transfer）と主張しました。このような主張によって、対照分析が大変盛んに行われるようになりました。語学教育者は、2つの言語を体系的に比較することにより学習者の学習困難点が予想できるということから、積極的に対照分析の結果を教材に取り入れました。

〈グループワーク2〉

第一言語が日本語で、第二言語が英語だと仮定して、①第一言語には存在するが第二言語には存在しないもの、②逆に、第一言語には存在しないが第二言語には存在するもの、③第一言語、第二言語ともに存在するもの、をそれぞれ挙げてみましょう。

2.2　誤りを分析する？

　対照分析は大変期待されましたが、よく考えてみると、まったくどちらの言語にもバイアスのない、普遍的な尺度で両言語を比較するということは可能でしょうか。知らないうちに母語の視点からもう1つの言語を見ているかもしれません。また、2つの言語を比較すること自体、大変な作業です。例えば、「おはようございます」＝ "Good morning!" と中学校の英語の時間に習いましたが、本当にこれでいいでしょうか。夕方、バイト先のお店に入っていく大学生が「おはようございます」と言って入っていったり、夜勤の人が夜中の12時頃、勤め先で「おはようございます」と言って入っていったりしていませんか。

　Corder (1967) は、対照分析を行って、学習困難点をすべて予想することはできないので、まずは教えてみて、出てきた学習者の**誤り**（error）に焦点を当て、その誤用を分類し、その原因を突き止めようとする**誤用分析**（Error Analysis）を提案しました。学習者の誤りを分析することにはどういう利点があるのでしょうか。実は、教師、研究者、そして、学習者、それぞれに下記のような利点があります。

① 　教師にとっては、学習者がどのくらい第二言語を身につけたかの情報が得られる。
② 　研究者にとっては、言語がどのようなプロセスで身についていくのかの学習者の発話という言語面での証拠が得られる。
③ 　学習者にとっては、それが誤用であることを周囲から教えてもらうことで目標言語での正しい使い方を知る機会が得られる。

　Corder (1967) は、誤り（error）と**間違い**（mistake）を区別しました。誤りは、そのときまでに学習者が構築した言語規則を使ってできたもので、間違いは、母語話者もしますが、不注意によるもので、注意すれば自己訂正ができます。Corder (1967) は、学習者の誤りは学習過程にある**学習者言語**に、その時点で、あるシステム、体系が存在することを示していると述べ、さらに、Corder (1971) では、第二言語学習者がつくる、母語話者とは異なる発話も1つの言

語であり、学習者は体系的な文法を持っているという仮説を唱えました。一連の誤用分析によってわかったことは、学習者の母語に影響を受けていると思われる誤りもありますが、一方で、学習者の母語の違いにかかわらず、第二言語学習者が共通に産出する**系統的な誤り** (systematic errors) も存在するということでした。このことから、第二言語学習者はある共通した言語体系を持っていて、その言語体系が学習者に同じような誤りを生じさせるということがわかりました。このCorder (1967, 1971) の研究が第二言語習得研究の誕生につながったといわれています。

　次に、誤り、誤用の原因について考えてみましょう。Richards (1971) は、誤用を**言語間誤用** (interlingual errors) と**言語内誤用** (intralingual errors) の2種類に分けました。言語間誤用というのは、学習者の**母語の干渉** (interference)、つまり、負の転移によって起こる誤用で、言語内誤用というのは、学習者の母語とは無関係に現れる誤用、つまり、異なる母語を持つ学習者間に共通に現れる誤用です。対照分析で予測される誤用は、Richards (1971) の用語を用いると言語間誤用ということになります。

　さて、言語内誤用というのは、ちょっとわかりにくいかもしれません。少し詳しく説明しましょう。

(1) 過剰般化 (overgeneralization) による誤り (Richards, 1971)

　「彼の本」、「私の本」などのように名詞と名詞の間に「の」を使うという規則がありますが、下記の例は、その規則を形容詞に対しても同じように使った結果出てくる誤用だといわれています。このような現象を**過剰般化** (overgeneralization) といいます。

　　例：*大きいの本　　（*はそれが文法的に正しくないことを示します）

(2) 簡略化 (simplification) による誤り (George, 1972)

　例えば、「行く」の可能形が「行ける」、「話す」の可能形が「話せる」となるように、五段動詞（Ⅰグループの動詞）は、最後の「-u」を「-eru」に変えれば、可能形になります。一方、一段動詞（Ⅱグループの動詞）の「食べる」

「見る」は、最後の「-ru」を「-rareru」に変え、「食べられる」「見られる」となります。しかし、2つの異なる規則があると面倒なので、易しいほうの規則「-u → -eru」を採用し、これを一段動詞に使った結果、「食べれる」「見れる」という形がうまれます。このような現象を**簡略化** (simplification) といいます。

　　例：食べれる、見れる

　ちょっと舌足らずの印象を受ける人もいるかと思いますが、母語話者でも、今では、話しことばで「食べれる」「見れる」を使う人も多いようです（ら抜き言葉）。しかし、会話では「食べれる」「見れる」という人でも、卒業論文などの正式な文書では、少し規範意識が働くのか、「食べられる」「見られる」と書くようです。

(3) 教師誘導 (induced) による誤り (Stenson, 1974)

　教師誘導 (induced) **による誤り**とは教師の教え方に問題があって起こる誤りです。例えば、教師が「助詞の『と』は英語の and と同じです」と教えた場合、学習者は英語を直訳して、「やわらかいとおいしいステーキ」などと言ってしまいます。名詞と名詞をつなぐandは「と」でいいですが、形容詞や動詞をつなぐ場合には、「と」は使えません。

　学習者の誤用はいろいろなことを教えてくれますが、学習者が目標言語のある項目を難しいと感じて使わず、**回避** (avoidance) することも知られています (Schachter, 1974)。例えば、みなさんは英語を書いたり、話したりするときに、that、which、whoなどの関係代名詞を含む長い文も使っていますか。まだ自信がなくて避けている人もいるでしょう。回避すれば、誤りは出ませんが、誤りが出ないからといって、関係代名詞が正しく使える、つまり、習得している、というわけではありません。このことから、誤用だけでなく、正用にも目を向けて、学習者の言語全体を分析していこうとする**中間言語分析** (Interlanguage Analysis) の時代に入ります。

2.3 学習者が作り上げる言語システムって？

　Corder (1967) は、学習者の誤りは、その時点で学習過程にある学習者言語に、あるシステムが存在することを示していると述べ、さらに、Corder (1971) では、第二言語学習者の発することばは言語であり、体系的な文法を有するという仮説を唱えました。Selinker (1969, 1972) も、学習者言語は学習者の母語とも目標言語とも異なる言語体系を持っている、つまり、言語学習、言語接触を続けていくことにより目標言語に向かって発達していく、学習者が産み出した特有の言語体系であると仮定し、その言語体系を**中間言語** (interlanguage) と呼びました。学習者が独自の言語体系を有するという仮説を**中間言語仮説** (Interlanguage Hypothesis) といいます。この仮説では、学習者の誤用はこの中間言語と目標言語の母語話者が有する言語体系の相違、ギャップから発生すると考えられています。

　また、Selinker (1972) は母語と違って、中間言語は発達の途中で**化石化** (fossilization) する、つまり、十分発達しないで、途中で発達が止まってしまうという現象が見られるといっています。最近では、発達する可能性がまだ残っているので、化石化とはいわず、**定着化** (stabilization) と呼ぶこともあります。

　このようなCorderやSelinkerらの研究が今日の第二言語習得研究の基礎を築いたといわれています。

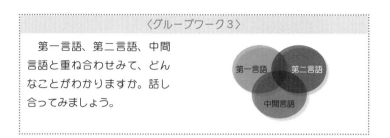

〈グループワーク３〉

　第一言語、第二言語、中間言語と重ね合わせみて、どんなことがわかりますか。話し合ってみましょう。

3 ことばの模倣よりも人がもともと持っている能力へ

　行動主義心理学においては「学習」とは、経験の結果として生じる比較的永続的な行動の変化と捉えられており、学習の基本的単位は**条件づけ** (conditioning) によって形成される**刺激** (stimulus) と**反応** (response) の連合であると考えられています。これを**連合理論**、**SR理論** (Stimulus-Response Theory) といいます。また、言語習得はこの刺激と反応、さらに、フィードバックをとおして得られる言語の**習慣形成** (habit formation) であるとされています。お母さんと小さい子どもがいる前を猫が通りかかって、お母さんが猫を指差して、「ネコ」と言う場面を考えてみましょう。その反応として、正しい反応と誤った反応が考えられます。以下、「刺激」はお母さんの発話、「反応」は子どもの発話、「OK」と「NO」はお母さんの発話です。

　　刺激 →→ 正しい反応 →→ OK（正の強化、positive reinforcement）
　　ネコ　　ネコ　　　　　　そうだね！

　　刺激 →→ 誤った反応 →→ NO（負の強化、negative reinforcement）
　　ネコ　　ネキ　　　　　　違うよ！

　「NO」となったら、再度、刺激を与えて、「OK」のフィードバックが出るまでくり返します。「OK」が出るまでくり返しますから、その言語の正しい習慣が形成されることになります。
　しかし、この刺激と反応で言語が習得されるという考え方には**論理的な問題**があると強く批判したのがChomsky (1959a, 1959b, 1965) です。Chomskyは、刺激と反応で習得される言語知識は非常に限られており、人間は人間という種に固有の、言語を身につける能力を持って生まれてくるとしました。つまり、言語習得は生得的に決定されるという主張をしました。こうした主張をする人々を**生得主義者** (nativist) といいます。

3.1 模倣で言葉を身につけるという考えの何が問題なの？

Chomskyは、言語が刺激と反応による習慣形成だとすると、以下のような論理的な問題が説明できないと主張しました。

① 子どもは大人からの言語インプットにはないような文構造を創る。つまり、刺激である言語インプットには見られないような文構造が子どもの発話に現れる。
② 親のインプットは文法的に正しくないものが実は多い (**刺激の貧困**)。常に文法的に正しいインプットだけでなく、非文法的な文もインプットとして子どもに入ってくる。
③ 親のインプットだけでは言語習得に必要な情報を十分に与えられない。
④ 親は子どもの誤りをあまり誤りだと指摘しない。つまり、子どもの発した文構造が正しくないという**否定証拠** (negative evidence) を子どもに対して与えていない。
⑤ 親は子どもの間違いをほとんど訂正しない。つまり、正しい形 (**肯定証拠**、positive evidence) を与えていない。

しかし、こういう状況下でも、子どもがきちんと正しい形を習得していくのはどうしてでしょうか。

Chomskyは、この問題を解決するために、人間の頭の中には black box、つまり、**言語獲得装置** (Language Acquisition Device) があり、これは他の生き物にはない人間固有の能力であるとしました。また、言語獲得装置にはすべての人間の言語の基盤となっている**普遍文法** (Universal Grammar, UG) が生得的に備わっているとしています。言語インプットは言語獲得装置を作動させる trigger (引き金) でしかないといっています。

3.2 ことばの習得を担う遺伝子!?

Chomskyは、言語習得は生得的なもので、遺伝的にプログラムされていると主張していましたが、これに関連するような研究が出てきました。

Hurstら (1990) は、3代にわたって言語発達に異常が見られる家系 (KE家) のことを紹介しています。KE家のほぼ半数ぐらいの人たちは、発音が困難であったり、過去や現在などを表す時制の使い方や3人称単数の主語の動詞に付く 's' などの呼応の使い方に異常が見られたそうです。また、Fisherら (1998) は第7染色体の部位に何か異常があることを発見し、現在はこの部位のことをFOXP2と呼んでいます (Laiら, 2001)。これがChomskyの述べているような言語遺伝子なのかどうかについては、これからの研究を待つしかありませんが、脳科学や遺伝子工学の発達の速さを考えると、言語習得に関する遺伝子があるのかどうか、解明されるのもそれほど遠くないと思います。

3.3　楽に言語をマスターする時期ってあるのかな？

　小さいころのほうが何でも楽に覚えられた、今はなかなか覚えられないとぼやいている人はいませんか。言語を習得するのに適した期間があり、それを越えるとなかなか習得できなくなるといったのがLenneberg (1967) でした。これを**臨界期の仮説** (Critical Period Hypothesis) といいます。11〜12歳ごろにフランスの森の中で発見された自然児のビクターや、13歳ごろロサンゼルスで見つかった、長年親に人との接触から隔離されていたジェニーの例がよく例に出されますが、2人とも残念ながら十分に言語が発達しませんでした。

　一口に言語といっても、音声、語彙、意味、文法などいろいろな領域があります。領域によって、臨界期が異なるのではないかということをいったのがSeliger (1978) で、**多重臨界期の仮説** (Multiple Critical Period Hypothesis) を提唱しました。その後の研究で、母語話者と変わらないぐらいの発音ができるのが5、6歳ごろ、母語話者と変わらないぐらいの文法性判断応力が身につくのが7歳前後 (Johnson & Newport, 1989)、話しことばが母語話者と変わらないぐらい身につけられるのが15歳前後ではないか (Patkowski, 1980) という報告がなされています。しかし一方で、臨界期など存在しないのではないかという研究者もいて、まだ議論が続いています。

4 ことばの習得の理論ってあるの？

これまで第二言語習得に関する理論として数多くの理論が出てきましたが、ここでは、よく知られている3つの理論を紹介することにします。Krashen (1981, 1985) の**モニター・モデル** (Monitor Model)、Long (1981, 1985) の**インターアクション仮説** (Interaction Hypothesis)、そして、Swain (1985) の**アウトプット仮説** (Output Hypothesis)です。

4.1 Krashenって有名みたいだけど……どうして？

第二言語習得研究という分野が語学教育の世界で一躍脚光を浴びるようになったのはKrashen (1981, 1985) がモニター・モデルを積極的に世に出したからでしょう。Krashenは、次のような5つの仮説を提唱し、当時の語学教育関係者に大きな影響を与えました。

(1) 知らないうちにできるようになった？

習得・学習の仮説 (Acquisition-Learning Hypothesis) というのは、意味に焦点をおいた自然なコミュニケーションの結果として無意識に起こる**習得** (acquisition) と文法形式に焦点をおいて意識的に学んだ結果として起こる**学習** (learning) とは、成人においては別々に蓄積され、学習は習得につながらないという立場 (non-interface position) を唱えた仮説です。

(2) 学ぶ順番は子どもも大人も同じ？

自然習得順序仮説 (Natural Order Hypothesis) というのは、目標言語の言語形式はある一定の予測可能な順序で習得されるという仮説です。これは、英語の文法形態素の習得研究 (例えば、Brown (1973)、Dulay & Burt (1973, 1974)、Dulay, Burt & Krashen (1982)) の結果を踏まえて、大人も子どもも、自然習得環境でも教室習得環境でも、また学習者の母語が何語であれ、大体予測可能な順序で言語形式が習得されるというものです。

(3) それ、違っているよね。だって、習ったもん！
　第二言語学習者は習得された知識を使って発話を行います。一方の学習された知識は、その発話されたものを修正・調整、**モニター** (monitor) するときに用いられます。これを**モニター仮説** (Monitor Hypothesis) といいます。このモニターが使用されるには、3つの条件があるとされています。つまり、①モニターする十分な時間があり、②意味ではなく形式に焦点が当てられて、③学習者がその規則を知っている場合にモニターできるとしています。"Tom go to school." という文を見て、みなさんがモニターできるのは、上の①〜③が揃っているからです。では、母語の日本語の場合はどうでしょうか。「先生は書いた本はまったく売れない。」みなさん、文の修正ができたのではないでしょうか。「日本語文法の規則」を知らなくても、モニターができたはずです。母語話者の場合、③の「規則を知っている」という条件は必須ではありません。

(4) 先生の教え方、わかりやすい！
　Krashenは、学習者の現在の言語能力を (*i*) とすると、(*i*) より1つ上の段階の、まだ習得していない言語要素は (*i+1*) と表すことができるとしました。そして、学習者は、文脈や状況から (*i+1*) を含む発話を理解することが可能であり、そこから (*i+1*) の言語要素が習得されるという仮説を立てました。これを**インプット仮説** (Input Hypothesis) といいます。Krashenは (*i+1*) の**理解可能なインプット** (comprehensible input) が言語習得には必要かつ十分な条件であるといっています。学習者の現在の言語能力が (*i*) ということですから、(*i+1*) の言語要素はそのままでは理解不可能なインプットであることに注意してください。ここが文脈や状況や既有知識をフルに活用して、わかりやすく教えられる日本語教師の出番だということです。ただし、その後、(*i+1*) の「1」とは何か具体的に示すことができるか、という議論が起こったことも知っておきましょう。

(5) 気持ちよく習えるなあ！
　日本語教育の現場では、学習者の動機づけ、自信、不安、ストレス、緊張、

体調不良などのいろいろな情意要因がもととなって、心理的な壁、フィルター（心的障壁）が発生します。このフィルターが高いと言語インプットの情報がスムーズに通過せずに入ってこないし、逆に、低いとスムーズに情報が通過し、言語習得が進みます。このフィルターが高いか低いかによって、学習者が接触する言語インプットの理解・吸収の程度が左右されるという仮説を**情意フィルター仮説**（Affective Filter Hypothesis）と呼びます。

さらに、吸収されるインプットの中で中間言語を再構築する可能性のあるインプットを**インテイク**（intake）といいます。静かなクラシック音楽などを聞きながら、コーヒーなどを飲みながら、リラックスした状態で楽しく学習できる環境がいいということです。

4.2　ことばのやり取りだけじゃダメ？

Krashenは理解可能なインプットの重要性を主張しましたが、Long（1981, 1983a, 1983b）は母語話者と非母語話者の間のコミュニケーションがうまくいかないとき、つまり、コミュニケーション上の問題、特に理解できないことによる**挫折**（breakdown）が起きたときに行われる**会話調整**（conversational adjustments）、意味が理解できるまでことばによるやり取りを行う**意味交渉**（negotiation of meaning）が第二言語習得においては重要であるという**インターアクション仮説**（Interaction Hypothesis）を唱えました。Long（1985）は会話調整と習得の関係を以下の3段論法で説明しています。

前提として、非母語話者が母語話者の言ったことが理解できず、コミュニケーション上の挫折が起きたという瞬間があり、その時点からスタートします。

① コミュニケーション上の挫折を引き起こした言語インプットを、母語話者が言語形式と会話面で調整することにより、非母語話者の理解（comprehension）が可能になる。

　　インターアクション上の調整 → インプットを理解可能に

② 理解可能なインプットが習得（acquisition）を促進している。

　　理解可能な インプット → 習得（につながるだろう）

③ ①と②が検証されれば、推論上、コミュニケーション上の挫折後、言語形式と会話面での調整が最終的に習得を促進するといえる。

インターアクション上の調整 → 習得
(と結果的になるだろう)

　Long (1985) はこのようなコミュニケーション上の挫折が起きて、意味交渉が行われるようなインターアクションが言語習得には重要であると主張しています。

4.3　聞くだけでは足りない？

　Krashenは理解可能なインプットの重要性を、Longはインターアクションの重要性をそれぞれ説きましたが、Swain (1985) は、カナダにおける**イマージョン・プログラム** (immersion programmes, バイリンガル教育の1つで、ここでは英語を母語とする児童に第二言語のフランス語で、算数、理科、歴史などの教科を教えるプログラム) の実態を調査したところ、児童生徒たちは意味を重視したコミュニケーション中心の言語環境で十分な量の理解可能なインプットを受けているにもかかわらず、フランス語の文法などが十分に発達していないということがわかりました。このことから言語インプットを理解するだけでは十分ではなく、アウトプットも重要であることを主張し、**理解可能なアウトプットの仮説** (Comprehensible Output Hypothesis) を提唱しました。

　ここで、アウトプットの主な機能を考えてみましょう。

① その場面に応じたより適切な発話 (文法、音声、語用、社会、文化などの面で) を促す機能
② 頭にある意味、概念を**言語化** (languaging) する機能
③ 学習者の言語に関する仮説を検証する機能

　以上のように、言語習得には、インプットだけでなく、アウトプットも重

要で、さらに、意味交渉を含むインターアクションも必要であることがわかるでしょう。

5　昔はできたのに……

　せっかく学んだ第二言語ですが、使わないと忘れていくことも、みなさん、経験していることでしょう。また、周囲に、小さいころに海外に数年住んでいたのに、帰国してその言葉を使っていないために、まったく話せなくなったような人はいませんか。Olshtain (1986) によると、幼児 (5歳ぐらいまで) よりも年少者 (6歳から15歳ぐらいまで) のほうが言語の保持がなされているようです。この言語の喪失には、どんなことが関係しているのでしょうか。山本 (2014, p.178) は、「バイリンガルの言語喪失に関連する要因としては、年齢・最終到達レベル (特に読み書き能力の有無)・言語学習や言語接触が終了して以降の期間 (潜伏期間, incubation)・言語保持への姿勢や動機が挙げられる」と述べています。

　この言語喪失に関する仮説に、Jakobson (1941) が唱えた**退行仮説** (The Regression Hypothesis) というものがあります。複数の言語を学んだ場合は、習得した順番と逆の順番で言語を忘れていくというもの (last in, first out) です。さらに、Kennedy (1932) の**閾値仮説** (The Critical Threshold Hypothesis) という仮説もあります。ある一定のレベルまで到達したら、そのあとはそれほど言語喪失しないという仮説 (best learned, last out) です。

　言語喪失といっても、いったい言語の何を失うのでしょうか。喪失は言語の多くの領域に見られます (Schmid & Lowie, 2011) が、もっとも顕著に現れるのが語彙のようです (Kuhberg, 1992; Moorcroft and Gardner, 1987)。語彙でも名詞や動詞、形容詞の内容語は保持されやすく、助詞や接続詞の機能語は失われやすいようです (伊藤, 2005, p.69)。また、話す・書くという産出能力より読む・聞くという受容能力のほうが保持されやすいといわれています。

　この言語喪失に関する研究は、日本語教育においてはまだまだこれからの研究領域で、流暢さ、正確さ、音声、語用論的能力、動機づけ、態度・姿勢などの研究が待たれます。言語喪失の実態を把握して、どうしたら言語喪失

の時期を遅くし、喪失の速度を少しでも緩やかにすることができるか、また再学習がどれほど貢献できるのか、など重要な課題が残っています。

6　教え方を考えると……

　第二言語習得論の視点から見ると、言語の教え方は、一つ一つの形式（文法・文型）に焦点をおいて教える教え方（**Focus on Forms**）とコミュニケーション活動を中心に考え、意味に焦点をおいて教える教え方（**Focus on Meaning**）と大きく2つに分けられます。また、コミュニケーション活動を行っているなかで、形式上の正確さの点で問題が生じたときに、一時的に形式に焦点を当てる教え方（**Focus on Form**）がいいのではないかという主張が1990年に入るころからされています。活動の中心は意味のやり取りを行うコミュニケーションですが、正確さにも十分注意を払って、意味と形式の両方に意識を向ける教え方がいいといえるでしょう。

7　2種類の知識って？

　私たちは中学高校の英語の授業で、日本語によるいろいろな説明を明示的、かつ、意識的に聞いて、英語に関する知識を得ました。例えば、受動文の作り方、関係節の作り方、仮定法過去の作り方などです。これらの作り方は言葉で説明することができますが、このように説明することができる知識を**宣言的知識**（declarative knowledge, knowing WHATの知識）といいます。しかし、宣言的知識はたくさん学んだものの、残念ながら十分な練習時間が与えられなかったため、いろいろな言語材料（単語、イディオム、文法規則など）をいかに組み立てるかに関する知識があまりついていません。このように、実際に言語材料を上手に活用して、文を作り上げる知識を**手続き的知識**（procedural knowledge, knowing HOWに関する知識）といいます。Krashenが述べた「学習」をとおして得た知識を宣言的知識、また、「習得」をとおして得た知識を手続き的知識と考えてみてもいいでしょう。

　私たちの母語である日本語は、いつの間にか気づいたときには話せるよう

になっていて、漢字を覚えたときのように意識的な「学習」をとおして身につけたものではありません。無意識に学んだもの、暗示的に学んだもの、周囲と交わることで学んだもので、いつの間にか「**できる**」という状態になっています。日本語教師は学習者に教室で明示的に教育して、「**わかる**」状態にはしていると思いますが、どうすれば学習者が望む「できる」状態につなげられるでしょうか。

8 最近の流れ

　最近は脳科学が発達し、言語習得、言語教育との関係も強くなってきました。1つだけ紹介すると、脳のどの部分が活性化されているかを見る画像処理技術の進歩によって可能になった研究で、意識的に何かを学ぶときの脳内の神経回路と無意識に何かを学ぶときの脳内の神経回路が異なり、また、それぞれの知識が蓄えられる脳の部位も異なるという研究 (Crowell, 2004; Paradis, 2004) があります。第二言語習得研究者にとっても非常に興味深い研究が発表され、いろいろな提案がされています。これからの脳科学と第二言語習得研究のインターフェイス、目が離せません。

[参考文献]
伊藤克敏 (2005).『ことばの習得と喪失―心理言語学への招待―』勁草書房.
小柳かおる (2004).『日本語教師のための新しい言語習得概論』スリーエーネットワーク.
山本雅代 (編著)・井狩幸男・田浦秀幸・難波和彦 (2014).『バイリンガリズム入門』大修館書店.
Bloomfield, L. (1933). *Language*. New York: Holt, Rinehart and Winston.
Brown, R. (1973). *A first language: The early stages*. Cambridge, MA: Harvard University Press.
Chomsky, N. (1959a). A review of B. F. Skinner's Verbal Behavior. *Language, 35*, 55-68.
Chomsky, N. (1959b). On certain properties of grammars. *Information and Control, 2*, 133-167.

Chomsky, N. (1965). *Aspects of the theory of syntax*. Cambridge, Mass.: M.I.T Press.
Corder, S. P. (1967). The significance of learners' errors. *International Review of Applied Linguistics, 5*, 161-169.
Corder, S. P. (1971). Idiosyncratic dialects and error analysis. *International Review of Applied Linguistics, 9*, 147-159.
Crowell, S. E. (2004). The neurobiology of declarative memory. In F. S. Schumann, S. E. Crowell, N. E. Jones, N. Lee, A. Schuchert, & L. A. Wood (Eds.), *The neurobiology of learning: Perspectives from second language acquisition* (pp.75-110). Mahwah, NJ: Lawrence Erlbaum.
Dulay, H., & Burt, M. (1973). Should we teach children syntax? *Language Learning, 23*, 245-258.
Dulay, H., & Burt, M. (1974). Natural sequences in child second language acquisition. *Language Learning, 24*, 37-53.
Dulay, H., Burt, M. & Krashen, S. (1982). *Language two*. New York: Oxford University Press.
Ellis, E. (1994). *The study of second language acquisition*. Oxford: Oxford University Press.
Fisher, S. E., Vargha-Khadem, F., Watkins, K. E., Monaco, A. P. & Pembrey, M. E. (1998). Localisation of a gene implicated in a severe speech and language disorder. *Nature Genetics, 18*, 168-170.
Fries, C. (1945). *Teaching and learning English as a foreign language*. Ann Arbor: University of Michigan Press.
George, H. M. (1972). *Common errors in language learning*. Roelwy, MA: Newbury House.
Hurst, J., Baraitser, M., Auger, E., Graham, F. & Norel, S. U. (1990). An extended family with a dominantly inherited speech disorder. *Developmental Medicine and Clinical Neurology, 32*, 352-355.
Jakobson, R. (1941). *Kindersprache, Aphasie und Allgemeine. Laulgesefze, Uppasala: Almquist and Wiksell*. (English translation, 1968, *Child language, aphasia, and phonological Universals*). The Hague: Moulton.
Johnson, J. S. & Newport, E. L. (1989). Critical period effects in second language learning: Thee influence of maturational state on the acquisition of English as a second language. *Cognitive Psychology, 21*, 60-99.
Kennedy, L. (1932). The retention of certain Latin syntactical principles by first and

second year Latin students after various time intervals. *Journal of Educational Psychology, 23*, 132-146.

Krashen, S. (1981). *Second language acquisition and second language learning*. Oxford: Pergamon.

Krashen, S. (1985). *The input hypothesis: Issues and implications*. New York: Longman.

Kuhberg, H. (1992). Longitudinal L2-attrition versus L2-acquisition in three Turkish children: Empirical findings. *Second Language Research, 8*, 138-154.

Lado, R. (1957). *Linguistics across cultures*. Ann Arbor: University of Michigan Press.

Lai, C. S. L., Fisher, S. E., Hurst, J. A., Vargha-Khadem, F. & Monaco, A. P. (2001). A forkhead-domain gene is mutated in a severe speech and language disorder. *Nature, 413*, 519-523.

Lenneberg, E. (1967). *Biological foundations of language*. New York: Wiley.

Long, M. (1981). Input, interaction and second language acquisition. In H. Winitz (Ed.), *Native language and foreign language acquisition* (pp. 259-278). Annals of the New York Academy of Sciences 379.

Long, M. (1983a). Linguistics and conversational adjustments to non-native speakers. *Studies in Second Language Acquisition, 5*, 177-193.

Long, M. (1983b). Native speaker/non-native speaker conversation and the negotiation of comprehensible input. *Applied Linguistics, 4*, 126-141.

Long, M. (1985). Input and second language acquisition theory. In S. M. Gass & C. G. Madden (Eds.), *Input and second language acquisition* (pp. 377-393). Rowley, MA: Newbury House.

Moorcroft, R. & Gardner, R. C. (1987). Linguistics factors in second-language loss. *Language Learning, 37*, 327-340.

Olshtain, E. (1986). The attrition of English as a second language with speakers of Hebrew. In B. Weltens, K. de Bot & T. J. M. van Els (Eds.) *Language attrition in progress* (pp.187-204). Dordrecht: Foris.

Paradis, M. (2004). *A neurolinguistic theory of bilingualism*. Amsterdam/Philadelphia: John Benjamins.

Patkowski, M. (1980). The sensitive period for the acquisition of syntax in a second language. *Language Learning, 30*, 449-472.

Richards, J. (1971). A non-contrastive approach to error analysis. *English Language Teaching Journal, 25*, 204-219.

Schachter, J. (1974). An error in error analysis. *Language Learning, 24*, 205-214.

Schmid, M. & Lowie, W. (2011). *Modeling bilingualism from structure to chaos.* Amsterdam: John Benjamins.

Seliger, H. W. (1978). Implications of a multiple critical period hypothesis for second language learning. In W. Ritchie (Ed.) *Second language acquisition research* (pp.11-19). New York: Academic Press.

Selinker, L. (1969). Language transfer. *General Linguistics, 9*, 67-92.

Selinker, L. (1972). Interlanguage. *International Review of Applied Linguistics, 10*, 209-231.

Skinner, B. F. (1957). *Verbal behavior.* New York: Appleton-Century-Crofts.

Stenson, N. (1974). Induced errors. In J. Schumann & N. Stenson (Eds.), *New frontiers in second language learning* (pp. 54-70). Rowley, Mass: Newbury House.

Swain, M. (1985). Communicative competence: Some roles of comprehensible input and comprehensible output in its development. In S. Gass & C. Madden (Eds.), *Input in second language acquisition* (pp. 235-253). Rowley, Mass.: Newbury House.

Challenge

[解答はp.185]

問　次の文章はそれぞれ何に関連しているでしょうか。▢▢▢の中から最も関連していると思われる言葉を選んで、(　)に書いてください。

① 日本語の「おはよう！」と英語の "Good morning!" って、使い方が同じなのかな？　ちょっと調べてみようか。
(　　　　　)

② 韓国人の友達が「昨日、山田くんを会ったよ」と言っていたけど、間違いだよね。どうして「に」じゃなくて「を」を使うのかな？
(　　　　　)

③ あの中国から来たオジさん、もう20年も日本に住んでるんだって。でも、時々、「このあいだ読んだの本はおもしろかったよ」とか言ってるよ。
(　　　　　)

④ 何回も動詞の活用をくり返し練習していたら、覚えちゃったよ。
(　　　　　)

⑤ 赤ちゃんは何語の母語話者にだってなれるんだよ。すごいねえ。この能力さえあればどこで生まれても大丈夫だね。
(　　　　　)

⑥ 「きれくない？」意味はわかるけど、共通語では言わないよ。それ、だめ。
(　　　　　)

⑦ 自転車の乗り方、教えてくれって？　言葉じゃ説明できないなあ。とにかく乗ってみてよ。

（　　　　　　）

⑧ あれ～。赤ちゃん、僕がママのほうを見たら、赤ちゃんも見てるよ。「あれがママよ～♪」

（　　　　　　）

⑨ うちのおじいちゃん、若いときは商社マンで英語も得意で、流暢に話していたけど、もう最近は忘れて、ほとんど話せなくなったみたい。でも、日本語は問題ないよ。

（　　　　　　）

⑩ 'look forward to' のあとは、動詞の原形ではなくて、-ing が来るから、"I am looking forward to see you." は間違いで、'seeing you' が正しいよ。

（　　　　　　）

共同注意　　対照分析　　正の転移　　負の転移　　誤用分析
誤り　　間違い　　化石化・定着化　　言語内誤用　　連合理論
中間言語　　普遍文法　　肯定証拠　　否定証拠　　FOXP2
臨界期の仮説　　習得・学習の仮説　　自然習得順序仮説
モニター仮説　　インプット仮説　　情意フィルター仮説
インターアクション仮説　　アウトプット仮説　　手続き的知識
宣伝的知識　　宣言的知識　　Focus on Forms
Focus on Meaning　　Focus on Form　　退行仮説　　閾値仮説

第2章 日本語の音声・音韻

「このあと都会のクラスがあります。」
「……!?」

　先日インドネシアの大学に行ったときのことです。とても大きな大学で、日本語日本文学専攻の学生には1学年に約180人、4学年全体で700人を超える学生さんが勉強していました。その大学の3年生の男子学生が調査のお手伝いをしてくれていたのですが、「次は授業がありますか？」という質問に対して「トカイ（「ポパイ」のような発音）のクラスがあります」と答えました。「トカイ」とは……都会？　いや、インドネシア語か？　民族舞踊か？　と想像力が足りない私はいろいろと悩み、「日本語のクラス？」と質問をしました。答えは、「はい、トーカイ」。

　答えは、「読解」のクラスでした。わかってしまえば、なんてことはなく、むしろ日本語教師として気づかなかったことを申し訳なく思いましたが、一般の日本人であれば、なおいっそう「ポパイ」のように発音した「トカイ」が何のことか、悩んでしまうのではないでしょうか。いったいなぜ、「どっかい（読解）」が「トカイ」になってしまうのでしょうか。2つのことばの発音はどこが違うのでしょうか。

　この「どこが違っていたか」「どうしてこうなってしまったのか」に対する答えのヒントを与えてくれるのが、「音声学（Phonetics）」や「音韻論（Phonology）」の知識です。私たちが英語の発音で苦労していた（る）ように、新しい言語の音のシステムを身につけるのはなかなか難しいことです。4章では、まずは言語の、特に日本語の音声をよく知るために必要な基本的な知識を一緒に確認していきましょう。

> 〈グループワーク1〉
>
> （あなたが思う）外国人の日本語の発音の特徴について話し合ってみましょう。芸能人も含めて、日本語の発音がいい外国人とそうではないと思う外国人とでは、どこが違っているのか、具体的に考えてみましょう。

1　日本語教育のための音声

　先ほどのエピソードに登場した「ドッカイ」と「トカイ」という2つのことばの間には、違いがいくつ含まれているのでしょうか。まずは、「ド」「ト」が違いますね。それから、「ッ」があるかないかという違いもあります。そして、「単語の音の高さのパターン」、つまり、「アクセント」が異なっています。この3点は日本語音声の代表的な特徴です。まずはこれらの点について、他の言語話者の誤りの例とともに考えていきます。

1.1　日本語のプロソディー

　上記の「違い」の中で、文字には表れにくいものが**アクセント**(accent)です。アクセントは、端的に述べれば、「語の中での相対的な音の高さや強さのパターン」です。日本語学習者と母語話者のミスコミュニケーションの例としてよく取り上げられるのは、「いつか」と「五日」の例です。「いつ京都に行く？」の答えとして「いつか」「五日」を発音してみましょう。音の高さが異なっています。方言によっても違うのですが、東京方言では、「いつか」は、「い」を高く発音し、そこから下がっていくように「いつか」と発音するのに対し、「五日」の場合は、「い」が低く、それ以降高くなるような発音になります（図1）。この相対的な高さの配置のことを、日本語では、アクセントといいます。これは日本語の代表的な特徴であり、自然さに大きく影響する要素です。

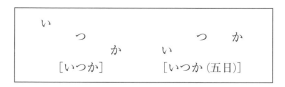

図1　日本語のアクセント

　日本語の単語内の音の高さの並びは、一つ一つの語において社会習慣として、ある形に決まっているので、同じ方言話者であれば、同じ音の高さパターンで単語を発音できますし、その単語の意味も理解できます。行儀がいいと

はいえませんが、食べ物を口いっぱいにほおばりながら「む〜む」と言ったとしても、「む〜む」と高い音から低い音へと発音されれば、それが「しょうゆ」ではなく「ソース」であることはわかります（河野・串田・築地・松崎, 2004）。ただし、方言によっては両者に区別がないため把握することが難しいこともありますが……。

　日本語には、アクセントやイントネーションなどの**超分節音**（suprasegmental phoneme）が存在します。超分節音とはひらがなの文字一つ一つの音のレベルを超える音声特徴のことを指します。**イントネーション**は、広い意味では、文全体の音の高さの変化を意味しますが、狭い意味では、「句末や文末の音の高さの変化」のことを指します。「そうか」と普通に言うと、納得した感じがしますが、語尾を上げて言うと、「そうか？」のように相手の意見に異を唱える感じがします。また、「そうか」の語尾をだんだんと弱く下げながら言うと、困った様子になります。このように、イントネーションの変化は、話し手の気持ちや状況に応じた表現を実現するための手段となっています。「そうか？」と言うとき、「そ」と「う」の音の高さの関係は、いつでも「そ」が高く、「う」のほうが低くなっているはずです。これは、「そう」ということばのアクセントが、話し手の気持ちや状況によって変化するわけではなく、常に同じ形をとるためです。学習者の場合、この違いを知らないために「コレハナンデスカー？（↗）」と最初から最後までだんだんと上がっていくような言い方になったりして、不自然な発音になってしまうのです。なお、アクセントやイントネーションなどの超分節音はまとめて**プロソディー**（prosody, 韻律）と呼ばれています。プロソディーには他の要素（リズム、強さ、速さ、ポーズなど）も含まれますが、ここではアクセントとイントネーションに限って述べます。

　ここまで読んできた方の中には、「方言だったらアクセントも違うんだし、文脈もあるから、そこまで厳密に発音できなくても大丈夫じゃない？」「日本人と同じように発音できないといけないなんて、ちょっと厳しすぎない？」と感じた方もいらっしゃるかもしれません。確かに、「いつか」「五日」も聞き返せば済むことですし、「ハシを使うの、うまいね」は食事中なら「箸」のことだろうということは、たとえアクセントが間違っていても伝わるかも

[不自然な「これはなんですか」]　　[母語話者の「これはなんですか」]

図2　日本語のイントネーション

しれません。ただし、もし文脈がわかりにくい場合、例えば、電話でコミュニケーションをとらなければならないとき、アクセントをはじめとする日本語の発音が悪かったとすれば、聞く側は想像を膨らませながら聞かなければなりません。聞く側がよほど慣れた人でないかぎり、聞き取りに疲れてしまうでしょう。また、イントネーションについて言えば、「明日ですか？」と確認しただけなのに、文末に向かって低く下げながら話してしまうと、なんだか不満を持っているように聞こえてしまう可能性があります。そのとき、相手はいやな気持ちになるかもしれません。もし発音の不正確さ、不自然さのせいでコミュニケーションになんらかの支障が起きているとしたら、そして、学習者自身がそれに気づいたなら、正しく使えるようになりたいと考えるのは自然なことではないでしょうか。そのとき、「発音なんて考えなくてもいいんだ」と言い切るのは、教師の価値観の押しつけになってしまいかねません。教師として発音に関する学習者の悩みを軽減するためのスキルを培っておきましょう。もちろん、「日本人とすべて同じように発音できなければいけない」ということではありません。ただ、相手を疲れさせたり、不快にさせたりする状況をできるだけ避けられるように、つまり、コミュニケーションにおいて音声面のせいで不利益を被ることが少なくなるように、正しい発音に近づけることは大変重要だと考えられます。

1.2　日本語のリズムと特殊拍

　皆さんは、小さいころ、じゃんけんをして、グー／チョキ／パーのそれぞれに対応する語があり、勝ったときの手の形でその語の「音」の数だけ進む、という遊びをしたことはありませんか。私の田舎では、パーで勝つと「パイ

ナップル」でしたが、このとき、何歩進めるでしょうか。ほとんどの日本語母語話者が、「パ・イ・ナッ・プ・ル」、つまり、6歩と数えるでしょう。この6つに数えるのには日本語のリズムが大きく関係しています。日本語では**拍** (beat) や**モーラ** (mora) と呼ばれる単位を最小と考えてリズムを作っています。拍は、日本語のリズムの捉え方で、日本語の特徴の1つです。日本語では、小さい「ッ」に加え、長音、拗音「キャ」なども同じ長さと考えます。そのため、「パイナップル」は、日本語のリズムの数え方では6拍と数え、6歩歩くことができます。一方、「チョコレート」は「チョ・コ・レ・ー・ト」と数えるため、5拍、すなわち、5歩進むことができるというルールになります。

　では、今度は「音のかたまり」で「チョコレート」「パイナップル」を考えてみましょう。この場合、「チョ・コ・レー・ト」「パ・イ・ナッ・プ・ル」と数えられたのではないでしょうか。この「まとまって聞こえる音のかたまり」のことを**音節** (syllable) といいます。音節は、ローマ字に変換して考えるとわかりやすいと思います。音節は母音を中心に、その前後の子音といっしょになって作られるものであり、その結果、「パイナップル (painappuru)」であれば、「pa-i-nap-pu-ru」の5つに分けて数えるということになります。日本語の場合、「拍」の感覚と「音節」の両方で数えることができますが、世界の言語の多くは、「音節」という単位でのみ語の中の音の区切りを捉えます。例えば、英語で "apple" は1音節ですが、日本語で「アップル」を考えてみると、4拍3音節と数えることになります。なお、2つ以上の子音が母音にくっついている音節を**重音節** (heavy syllable) といい、母音だけ、あるいは、子音と母音が1つずつくっついている音節を**軽音節** (light syllable) と呼びます。また、重音節の後部拍に相当するものは種類が限られており、「ッ」(**促音**、moraic obstruent)、「ー」(**長音**、long sound)、「ン」(**撥音**、syllabic nasal) がそれに当たります。これらはまとめて「**特殊拍** (special morae)」と呼びます。特殊拍は単独では、音節を作ることができません。単独で音節を作ることができるものは「自立拍」と呼ばれています。

　それでは、今度は「バナナ」「メロン」「パッションフルーツ」を使って考えてみましょう。拍と音節はいくつになるでしょうか。まずは拍で数えてみ

ましょう。バナナは3拍、メロンも3拍、パッションフルーツは、「パ・ッ・ショ・ン・フ・ル・ー・ツ」の8拍になります。正しく数えられましたか。では、音節ではどうなるでしょうか。バナナは3音節、メロンは2音節、パッションフルーツは「パッ・ション・フ・ルー・ツ」の5音節になります。こちらも正しく数えられましたか。メロンは、メとロンに分けることができます。ロン (ron)、パッ (pas)、ション (shon)、ルー (ruu) はどれも1音節2拍です。これらはローマ字にすると母音の前または、後ろに子音がくっついていることがわかります。これに対し、それぞれの英単語 "banana" "melon" "passion fruit" は、英語で何音節でしょうか。"ba-na-na" "mel-on" "pas-sion fruit" となり、それぞれ3音節、2音節、3音節です。音節という共通の概念を用いることによって、英語と日本語では、リズムが異なっていることがわかります。このように言語によってリズムの捉え方が異なっていること、そして、日本語が拍と音節という二重構造でリズムを捉えていることは、外国語として日本語を学習する場合の困難点となりうると考えられます。

表1 日本語と英語のリズムの捉え方 (拍と音節)

日本語		バナナ	メロン	パッションフルーツ
	拍	3	3	8
	音節	3	2	5

英語		banana	melon	passionfruit
	拍			
	音節	3	2	3

これまで見てきたように、それぞれの言語で、その言語話者がどのように捉えているかという抽象的な音のことを**音韻** (phoneme) と呼び、その捉え方に関する「学問」を**音韻論** (phonology) と呼びます。音韻は、意味の弁別 (区別) に関係する特徴のことです。英語の "think" と "sink" は、もちろん英語の音韻上は異なっています。しかし、もし日本語で言うとどちらも「シンク」となってしまい、日本語の音韻上は、区別がつかなくなってしまいま

す。言い換えれば、私たちは母語の音韻という各言語が話されている環境で自然に出来上がった意味弁別のルールに基づいて音を聞いたり、発音したりしています。そのため、異なる音韻体系を持つ言語の音声を学ぶときに、そのずれによって難しく感じるわけです。これに対し、各言語の音韻の違いを乗り越えて、異なる言語を同じように分析できるのは、分析のための共通の捉え方があるからであり、それに必要な学問分野が**音声学**（phonetics）だと説明できます。なお、世界のさまざまな言語の発音を客観的に記述するために、音声学では共通の「国際音声記号」（International Phonetic Alphabet, IPA）が用いられています。実際の音声はIPAを用いて[　]に入れて示します。この[　]に入れて示す音声学上の音の最小単位を「単音」と呼びます。一方、音韻論上の音の最小の単位は「音素」と呼ばれます。音素は/　/に入れて書き表します。本稿でもこれ以降は音声と音韻を区別して書き記すことにします。

では、ここでクイズです。特殊拍の/ー/（長音）、/ッ/（促音）、/ン/（撥音）ですが、次のことばの中では、実際にはどのような発音になっているでしょうか。

　　/くうき/、/ケーキ/、/シート/、/じっか/、/りっぱ/、
　　/ちっそ/、/ダンス/、/サンマ/、/マンガ/…

もうお気づきだと思いますが、特殊拍は音韻であり、実際の発音はすべて異なっています。

まず、長音から考えてみましょう。長音は、ひらがなとカタカナで表記が異なっている音素です。カタカナのときはすべて「ー」で表記しますが、ひらがなの場合は直前のカナの**母音**（vowel）で書き記します。つまり、/くうき/で「う」と書くように、/ケーキ/なら「けえき」で「え」、/シート/なら「しいと」で「い」となります。

次に、促音について見てみましょう。上の例をローマ字で考えてみると、/jikka/ /rippa/ /chisso/となり、直後の**子音**（consonant）を重ねて書き表します。同様に撥音/ン/の場合も、これらは直後の子音（consonant）と同じ口

がまえで発音します。ゆっくり発音すると、撥音と後ろの子音の関係が確認できると思います。/ダンス/の/ン/の場合は、鼻に息を通しながら、上の歯の裏の根元あたりに舌の先をくっつけています。それに対して、/サンマ/の/ン/の場合は、次の/マ/と同じ口の形、つまり唇を閉じた状態で鼻に息を通して発音しています。最後に、/マンガ/の/ン/はそのあと発音する/ガ/と同じように口を開き、舌の位置を調整して鼻を使って発音します。以上のように、特殊拍の発音は、前後の母音や子音などの条件、つまり、**音声環境**（phonetic environment）に応じて実際は変化しています。もう少しまとめると、「特殊拍の単音は音声環境によって実際には異なっているが、音韻論上、1つの音素（「ー」「ッ」「ン」）の異音として扱われている」ということになります。なお、この特殊拍の発音が適切にできなければ、「リンマ」が「リーマ」や「サマ」と不自然な発音になり、リズムも崩れてしまいかねません。アクセントとともにリズムは自然な日本語の発音には重要な要素であり、正しい語形を形作るうえでも、不可欠な要素です。

1.3　子音と母音

　本節では、一つ一つの実際の音声、つまり、単音について考えていきましょう。冒頭のエピソードの例では、「ト」/to/と「ド」/do/が区別できていない例を挙げました。この2つは、カタカナで書くと、濁点があるかないかという違いに見えますが、音声面では具体的に何が違うのでしょうか。

　まずは両者に共通している母音から見ていきましょう。日本語の場合、母音は/ア//イ//ウ//エ//オ/の5つに分類されます。試しに「あ・い・う・え・お」と一つ一つはっきりと言ってみてください。/ア/では、口が大きく開き、舌が口の底のほうまで下がるのに対し、/イ/の場合は、口はあまり開かずに、舌が前歯のほうに少しせり出した状態になっているのではないでしょうか。このように口の中の空間の形や広さを変えることで音色が変わります。母音は、吐く息の気流で作られますが、口の開き具合（**開口度**）と舌の盛り上がりの形（**舌の前後位置**）、唇の円め具合（**円唇性**）を変えることで、吐いた空気の通り道の形が変化し、区別を生み出しています。

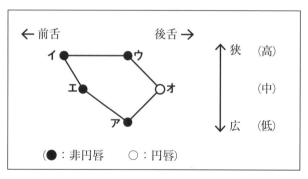

図3　各母音における口内の舌位置の関係

では、話を子音に移しましょう。「ト」「ト」「ト」「ト」「ト」と連続で言ってみてください。「ト」と言うたびに、舌の先が（一度ずつ）前歯の裏あたりにくっつくと思います。それに対して、「ポ」や「コ」の場合はどうでしょうか。「ポ」のときは、舌先ではなく、唇が一度くっつきます。一方、「コ」だと、口の奥のほうで一度空気の流れをせき止めるような感覚があるのではないでしょうか。「ト」「ポ」「コ」の子音である[t][p][k]は音が出る前に一度空気の流れを止めるように、それぞれ、**歯茎**（前歯の裏側の歯茎あたり）と舌、唇と唇（**両唇**）、口の奥にある上あごの柔らかい部分（**軟口蓋**）と舌の根元のほうがくっついて、そのあとに音が出ます。これらに対して、「ソ」の場合はどうでしょうか。「ソ」は、口と舌の形が「ト」と似ていますが、舌先が歯茎にくっつきません。息が漏れるような状態だと思います。つまり、[t]と[p]や[k]は音を出す方法（**調音法**、manner of articulation）は同じ（せき止めてから一気に出す**破裂音**）ですが、その場所（**調音点**、place of articulation）が異なっています。それに対し、[t]と[s]は調音点が同じでも調音法が違っています（[s]：息が漏れるように出す**摩擦音**）。子音は、肺から出てくる空気の流れをどのように遮るかによって、その音が変わります。子音の分類においてはこの「調音点」「調音法」で分類していきます。

そして、もう1つ分類に関係するのが、[t]と[d]の区別に関係する**声帯振動**（vocal cord vibration）です。では、先ほどまでと同じように、[t]と[d]を調音点と調音法で考えてみましょう。どちらも歯茎に舌の先が一度くっついて離

れるときに音が出ており、2つの音は調音点と調音法が同じだといえます。では、どこが違うのでしょうか。2つの違いは、**声帯** (vocal cord) にあります。首に手を当てながら発音してみましょう。[t] [t] [t]とくり返したとき、特に何も起こりませんが、[d] [d] [d]とくり返したときは、携帯電話のバイブレーション機能のように首がビリビリ振動しませんか。このビリビリの正体が、声帯の震えであり、[t]と[d]、[k]と[g]、[s]と[z]などの音の区別に関わってきます。声帯は喉にある一対のひだで、基本的には閉じています。ですから、「あー」のように母音を出すと、声帯の隙間を空気が通り抜け、声帯を震わせることになります。イメージとしては、唇の端と端を外側に引っ張った状態で息を吐こうとすると唇がブルブルと震えます。声帯が震えている状態はこれに似ているといえるでしょう。以上のことから、[d]は声帯振動を伴う**有声音** (voiced sound)、[t]は声帯振動を伴わない**無声音** (voiceless sound) です。このように、日本語の子音は、調音点、調音法、声帯振動の3つで分類できます。斎藤 (1999, p.11) は実際の音の生成を観察し、調音法を以下のように分類、まとめています。皆さんも同じように感じられたでしょうか。

	パ	タ	バ	ダ	マ	ナ	フ	サ
口の中で息を完全に遮断する	+	+	+	+	+	+	−	−
のどに振動がある	−	−	+	+	+	+	−	−
息が鼻から抜ける	−	−	−	−	+	+	−	−
上下の唇を使う	+	−	+	−	+	−	+	−
舌先と上歯(茎)を使う	−	+	−	+	−	+	−	+

図4　自己観察に基づく調音法のまとめ (斎藤, 1999, p.11)

本章冒頭のエピソードで紹介した学習者の発音の問題点は、「ト」と「ド」の誤り、つまり、「無声音と有声音の混同」を指していましたが、これは「声帯振動の有無」の違いに当たります。この点は、日本語学習者には習得が困難なようです。とりわけ、韓国語や中国語、タイ語などを母語とする日本語学習者にとって難しい項目です。その原因は、これらの言語では声帯振動の有無による音韻の弁別がないからです。つまり、日本語の「タ」と「ダ」、

「カ」と「ガ」は、韓国語、中国語、タイ語では、同じ音と認識されることになります。そのため、日本語では2つは違う、と説明しただけでは、なかなか理解・習得しにくく、誤りが起こりやすいといえます。

これは、日本語母語話者にとって、英語の/la/と/ra/がどちらも/ラ/に聞こえることとも類似しています。日本語の/ラ/、英語の/la/と/ra/は、実際にはすべて発音が異なっています。しかし、「ライト」と言う場合、"light"のように言っても "right" のように言っても、日本語では、同じものを指して言っていると認識されます。英語では、すべて違うのですが、日本語では同じカテゴリーに入っていると考えられます。このカテゴリーが日本語の先述の音韻であり、その最小単位のことを音素と呼ぶわけです。したがって、音声上の最小単位である単音では、日本語の/ラ/の子音 [ɾ] も [l] も [r] もすべて異なっていますが、日本語の音韻においては同じ音素として認識され、/ラ/や/r/の子音として書き示されているといえます。なお、意味の区別が表れない、同じ音素の単音同士は「異音（allophone）関係にある」と表現されるのに対し、意味の区別が生じている場合は、「対立関係にある」と表現します。

音声学に基づいて単音を理解しておくことで、学習者の母語の単音が日本語では、どのような音素として認識されるのか明らかになります。例えば、中国語話者はダ行、ナ行、ラ行の発音の区別が難しく、/ノロノロ/が「ノノノノ」になってしまうことがあります。また、韓国語話者であれば、/わたし/が「ワダシ」になったり、/ひとつ/が「ヒトチュ」になってしまったりします。このような誤用は、どれだけ丁寧に発音していても幼稚な印象を与えてしまいかねず、プロソディー同様、学習者が不利益を被る可能性がないとはいえません。この点からも、学習者にとって発音に困らないところ、困るところを把握し、指導内容を吟味することは重要であり、そのためには音声学の知識が役に立つことでしょう。

> **〈グループワーク2〉**
>
> 発音が「うまい、うまくない」に関わっている要因として、どのようなものが考えられますか。思いつくかぎり挙げてみましょう。また、「教育」として発音指導を行うならば、どのような点に注意すればいいでしょうか。

2　日本語教育のための音声

　先ほど、学習者が不利益を被らないように音声教育を行う必要があるという話をしましたが、もちろん最初からすべてを正しく発音できるわけはなく、またすぐに上達できるわけではありません。発音指導の場面を思い浮かべる場合、どうしても「そうじゃなくて、こう」と矯正しているイメージが持たれやすいようです。もっとも、正しい発音を習得できることに越したことはないようですが、まずは、正確でなくても、より自然な発音をめざしていくことが重要でしょう。そして、教室で発音を指導する場合、正しく矯正しようと何度もやり直させると、苦痛や屈辱感を感じさせてしまう可能性もあります。発音の場合も、母語の影響が強く、なかなか良くならないことも多いため、間違いに気づいても、うまく発音できず、自信をなくしたりして、その後の学習へのモチベーションが下がってしまう恐れもあります。ですから、あまり厳格になりすぎず、安心して臨める雰囲気をつくり出すこと、そして、発音上達への道は地道な学習・習得の結果だという意識を持って学習者への指導にあたることが肝要です。また、発音は個人差が大きい分野ですので、発音が苦手な学習者への配慮を忘れないようにしましょう。

　発音を習得するには、①音韻に関する知識があること、②正しい発音がどのようなものかきちんと聞き取れ、それがイメージできていること、③そのイメージどおりに発音できること、の3つのプロセスを満たす必要があります。言い換えれば、発音がうまくいかない場合、①〜③のどこでつまずいたかによって誤用の原因が異なっていると考えられます。何が間違っていたか示されないまま、正しい発音に直そうとしても、きっとうまくいかないでしょう。発音をよくするためには、学習者は自分自身の発音を振り返り、よ

くない発音の原因を正しく把握できるようになる必要があります。この「自分の発音が正しいかどうか意識的に振り返れること」そして、「誤りの原因を適切に把握し、正しく言い直せること」は、**自己モニター**と呼ばれる学習のしかたで、練習することによって可能になります。自己モニターを成功させるためには、自分自身の発音の意識化が必要です。教師は、発音指導においてそれを念頭に置き、学習者に自分の発音に対する意識を持たせ、客観的にどのような問題があるか考える習慣をつけさせる必要があります。また、そのためにも、モデルとなる音声が正しく聞き取れているかどうか確認することも必要でしょう。

　自己モニターを意識した学習は、モデル発音の聞き取り、聞き分けから始まります。このトレーニングメニューを十分行うことで、どんな発音が正しく自然かという基準を学習者の中にかたちづくっていきます。その後、正しい発音と誤りのある発音を聞き比べる練習などを行います。そして、録音した自分の発音とモデル音を聞き比べ、正しいかどうか考える作業にあたらせます。このような一連の過程は、**自己モニター型ストラテジー**（方略）を身につけることにつながっていきます。「魚を与えるのではなく、魚の釣り方を教えよ」ということばがありますが、音声・発音も同じです。発音の誤りは必ず起こりますし、そのたびに訂正しても、それほど簡単に誤りは減りません。それよりも学習者が正しい発音の基準を身につけ、常に意識するようになることが、教育的には重要だと考えられます。

　では、学習者が自分自身の誤りに気づいたら、どのように修正していけばいいのでしょうか。学習者によっては、自分で正しい発音のコツのようなものを見つけ、教師からのアドバイスを必要としない人もいるかもしれません。しかし、そうではない学習者の場合は、とにかく発音の違いに気づくようになるまで、いろいろな方法を試していくことが必要です。発音は、ターゲットとなる発音がどのような文に含まれているかによって変わる可能性があります。また、学習者の母語を含めた個人差が大きいことは否めません。そのため、学習者Aには有効だった説明が学習者Bにはうまく伝わらないこともあるでしょう。くり返しになりますが、音声学習は矯正ではありません。地道な学習が習得に結びつくという意識を持って、教師も学習者と一緒に音声

学習・音声指導へのモチベーションを維持しましょう。ぜひさまざまな方法を試して、学習者に正しく自然な発音ができる経験を味わってもらってください。その成功体験をもとに練習をくり返していくことによって発音の向上が可能になるといえるでしょう。

　具体的な指導法としては、以下のような方法がよく知られています。まずは、「日本語らしい自然な発音」となるように重要なプロソディー面の指導法として、音の高さの変化を視覚的に示す方法を紹介します。中でも代表的なものとして、**プロソディーグラフ**を用いた指導を挙げることができます（図5）。プロソディーグラフとは、音の高さに関する情報を図で表したもので、音響分析ソフトを用いて分析し、音の高さを相対的に示すことが可能です。プロソディーグラフ（河野・串田・築地・松崎, 2004）は、音の高さの変化を楽譜中の音符のように表していますが、リズムの単位を音節で区切って短い○と横長の○で表示している点がユニークです。これにより、学習者の母語に近い形で日本語の発音を視覚的に提示でき、長さ（リズム）と高さ（アクセント、イントネーション）の両方を学習者に意識化させられます。また、プロソディーグラフは、学習者に一目で高さや長さを理解してもらえるだけでなく、より自然で感情を込めた発音を示すことができます。例えば、ため

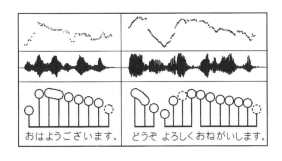

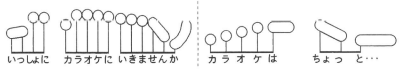

図5　プロソディグラフの例 (河野・串田・築地・松崎, 2004, p.iv, p.50)

らいながら答える「それはちょっと…」のようなときに、マルの長さを変えることによって表現できます。

　他にも、聞きやすくわかりやすい発音の指導として、「句切り」「への字型イントネーション」に焦点を置いたフレージングという方法も考えられています（中川・中村, 2010など）。具体的には、①意味のまとまりで句切り、②句切り（フレーズ）のところでゆっくり休む、③句切りと句切りの間を「へ」の字のように、最初に上げてからだんだん下げて発音する、という3つのステップです。この方法で練習することによって、1文だけではなく、スピーチのような複数の文章についても練習が可能で自然な発音に注意を向けることができるようになるでしょう。日本語母語話者による学習者の発音の評価においてプロソディーの誤りがその評価を大きく下げているという研究があることからも、自然に、なめらかに発音するための練習をできるだけ提供できるように考えられているといえます。

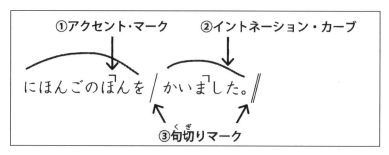

図6　フレージング (中川・中村, 2010 p.10)

　イントネーションの指導には、ジェスチャーを使った指導方法もよく行われます。先ほどのプロソディーグラフや「へ」の字の教材の代わりに、手の動きで文のプロソディーを表すことで、学習者にイメージしてもらえるようにするということです。また、リズムの指導では、学習者に日本語のリズムを体で感じてもらうために、「腕のひじから先の部分を振り下ろして上げる」という動作を行いながら発音する練習があります。2拍1音節の振り下ろしを1回とし、この手の動きをくり返しながら発音練習を行うというものです。

この練習方法は、**ヴェルボ＝トナル法**（Verbo-Tonal Method, 以下、**VT法**）という指導法に基づくものです（図7）。VT法は、身体器官はすべてつながっている（連動している）ため、体全体を使った大きい動きによって、発音のための器官（調音器官）のコントロールが可能になるという考えが背景にあります。なお、VT法では、身体の緊張と弛緩が調音器官の緊張と弛緩に連動していると考えています。これを応用すると、「切手」（きって）が「きーて」や「きて」になってしまう場合、手を「パー」の状態から上に引き上げながら「グー」、そして力を抜いて「パー」にするというジェスチャーを伴って発音するという練習ができます。促音を作るときの空気の流れを止める様子を、体を緊張させることによって表現していると考えられます。VT法の「緊張」と「弛緩」は、単音にも有効だと思われます。どのような身体運動が各発音に効果的かは、学習者と一緒に試していくといいでしょう。

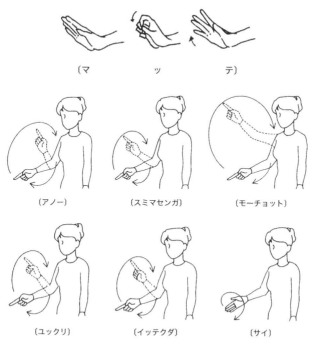

図7　VT法を用いた指導 (川口, 2002, p.116, p.114)

3　最近の流れ

　以前から、多くの教師が、現場での発音指導においてどのように指導すればいいか戸惑っているということが指摘されています。教師が「訂正してもすぐに直らない」「直ったと思ってもすぐに元に戻ってしまう」という悩みを抱えてしまっているようです。しかし、よくよく考えてみると、文法の活用を何度も間違えたり、漢字を丁寧に教えても書き間違いをし続けたりすることもよくあるので、音声面だけがなかなかうまくならないというわけではないでしょう。また、文法のように明示的な規則が少ないこと、規則は理解していても、そのとおりに聞こえているか、発音できているかは別の問題となることも音声教育を苦手に思う教師が少なくない理由かもしれません。最近では、「音声が専門の教師・研究者」と「音声は専門ではなく、むしろ苦手で、音声教育ができるようになりたい教師・研究者」とが一緒になって、音声指導法を身近に感じて実践しやすいかたちを探るための研究調査が行われています（阿部ほか, 2013; 野口・渡部・田川, 2014）。今後は音声面に関する教師教育のあり方も教育現場や学習者の習得過程に合わせた姿へと変わっていくかもしれません。

　一方、教師にも学習者にも有益な情報の提供も始まっています。「**オンライン日本語アクセント辞書（OJAD）**」は、効率よく母語話者に聞き取りやすい発音が身につくような練習を提供するウェブサイトです。ここでは、「句単位での音調と句と句の間のポーズ」が「聞きやすさ」に影響していることを踏まえて、フレージング、ポーズ、句の中のアクセントの位置の3点に関する情報提供が行われています。OJADでは、日本語の教科書（2016年9月現在は19冊分）に含まれている語彙のプロソディー情報を提供していることに加え、ユーザーが知りたい言葉やフレーズをタイプ入力すれば、そのフレーズに関する情報を表示することができます。これにより、教科書を離れた内容でもプロソディー情報を確認しながら発音練習が可能なため、クラス内はもちろん自学にも大いに有益だと思います。

　なお、前述のプロソディーグラフに関しても、現在、活用性のあるソフトが開発されているようです。それは、学習者の発音からプロソディーグラフ

を自動生成し、それをマウス操作することでモデル発音に近づけた発音を聞かせることが可能となるものです。テクノロジーの発達とともに、教育方法も変化してきており、今後もよりよい方法が開発される可能性が高く、ますます発展した研究・開発が期待されます。ただし、それらを下支えしているのは、基礎となる音声学や音韻論の知識であることに変わりはありません。

　なお、適切な発音を身につけるためには、適切な発音がどのようなものであるか正しく聞き取れる必要があります。しかし、実は、学習者は発音だけでなく、聞き取りにおいても母語の音韻体系、リズム体系、アクセント体系の影響を受けてしまい、正しく聞き取れていないことが少なくありません。それができなければ、前述の自己モニターのように適切な発音のモデルを頭の中に作ることはできませんし、また自分の発音とモデル音声が一緒かどうか確認することも困難になります。この観点から、発音指導の方法を工夫することに加え、正しく聞き取れるような練習を行っていくことも重要でしょう。両方の音声学習方法がうまく関与し合えるように指導していくことが教師に求められているといえます。みなさんも、音声学・音韻論の基礎知識をこれから学び、学習者に寄り添う教師をめざしてください。

[参考文献]

阿部新・嵐洋子・木原郁子・篠原亜紀・須藤潤・中川千恵子 (2013).「音声教育や日本語教員養成における音声学について日本語教師が考えていること―現状と課題を探るためのパイロット・スタディー―」『日本語教育方法研究会誌』20(2), pp.2-3. 日本語教育方法研究会.

鮎澤孝子 (1999).「中間言語研究―日本語学習者の音声―」『音声研究』3(3), pp.4-12. 日本音声学会.

鮎澤孝子 (2014).「日本語音声と音声教育」鮎澤孝子 (編)『日本語教育実践』pp.71-101. 凡人社.

磯村一弘 (2009).『国際交流基金　日本語教授法シリーズ第2巻　音声を教える』ひつじ書房.

小河原義朗 (1998).『外国人日本語学習者の発音学習における自己モニター研究』東北大学文学研究科未公刊博士学位論文.

川口義一 (2002).「日本語教育とその実践」小圷博子・木村政康・川口義一・安富雄平（編著）.『VTS入門』pp.111-117. 特定非営利活動法人グベリナ記念ヴェルボトナル普及協会.

川口義一・横溝紳一郎 (2005).『成長する教師のための日本語教育ハンドブック　下』ひつじ書房.

河野俊之・串田真知子・築地伸美・松崎寛 (2004).『1日10分の発音練習』くろしお出版.

河野俊之 (2014).『日本語教師のためのTIPS77③　音声教育の実践』くろしお出版.

斎藤純男 (1999).『日本語音声学入門』三省堂.

佐藤友則 (1995).「単音と韻律が日本語音声の評価に与える影響力の比較」『世界の日本語教育　日本語教育論集』5, pp.139-154. 国際交流基金.

中川千恵子・中村則子 (2010).『初級文型でできる にほんご発音アクティビティ』アスク出版.

中川千恵子・中村則子・許舜貞 (2013).『さらに進んだスピーチ・プレゼンのための日本語発音練習帳』ひつじ書房.

野口美美・渡部みなほ・田川恭識 (2014).「総合日本語クラスで音声を専門としない教師はどのように音声指導を行い、学習者はどう受け止めたか―学習者の意識化を促すための教材を使用して―」『日本語教育方法研究会誌』21(1), pp.50-51.

松崎寛 (2005).「音声の指導法」縫部義憲（監）・水町伊佐男（編）『講座・日本語教育学　第4巻　言語学習の支援』pp.93-112. スリーエーネットワーク.

松崎寛・河野俊之 (2010).『日本語教育能力検定試験に合格するための音声23』アルク.

松崎寛・畑佐一味・畑佐由紀子 (2014).「パソコンを利用した音声教育の展望」畑佐一味・畑佐由紀子・百濟正和・清水崇文（編）『第二言語習得研究と言語教育』pp.237-257. くろしお出版.

峯松信明・中村新芽・鈴木雅之・平野宏子・中川千恵子・中村則子・田川恭識・広瀬啓吉・橋本浩弥 (2013).「日本語アクセント・イントネーションの教育・学習を支援するオンラインインフラストラクチャの構築とその評価」『電子情報通信学会論文誌』D, vol.J96-D, no.10, pp.2496-2508.

峯松信明 (2014).「オンライン日本語アクセント辞書OJADの開発と利用」『国語研プロジェクトレビュー』4(3), pp.174-182.
<http://www.ninjal.ac.jp/publication/review/0403/pdf/NINJAL-PReview040302.pdf>（2017年4月20日閲覧）

［参考ウェブサイト］
松崎寛のホームページ
　　　<http://www.u.tsukuba.ac.jp/~matsuzaki.hiroshi.fp/>（2016年6月22日閲覧）
みんなの音声サイト
　　　<http://www.kyorin-u.ac.jp/univ/user/foreign/onsee/>（2016年6月23日閲覧）
Online Japanese Accent Dictionary
　　　<http://www.gavo.t.u-tokyo.ac.jp/ojad/>（2016年10月14日閲覧）

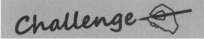 [解答はp.185]

問　ある学習者が「わたーしのおにはかいさいんです」と言いました。発音の誤りを発見し、具体的にどのように誤っているのか、何を間違えたためにこのような発音になったのか、詳しく述べてください。

第3章 日本語の語彙・意味

　昔、私が小学校で日本語支援をしていたころの話です。
　「先生、『右』ってなんですか？」
　3カ月前にバングラデシュから来た1年生の女の子がこう言いました。彼女はベンガル語が母語です。私はベンガル語が話せません。つまり、翻訳はできないのです。しかも、彼女は左利きです。「鉛筆を持つほうの手が右」とは言えません。そこで、私は彼女の後ろに立ち、彼女の右手をそっと持って、「右です」と言いました。反対の手を持って「左です」と言いました。すると、彼女はわかったというようにうなずきました。さらに、「右はどっち」と言ってみると、指で右を指しました。どうやらわかったようでした。そのあとで、教科書の絵で確認しました。このように、彼女と同じ方向を向いて体で示したり、絵を見せたりすることで「右」の意味を伝えました。言葉の意味が母語でわからないとき、抽象的な言葉で意味が伝わらないときは、このような方法で伝えていました。
　そういえば、三浦しをんの小説『舟を編む』の中で主人公の編集者に先輩編集者が最初に出した課題が、「きみは、『右』を説明しろと言われたら、どうする」でした。主人公は、「『ペンや箸を使う手のほう』と言うと、左利きのひとを無視することになりますし、『心臓のないほう』と言っても、心臓が右がわにあるひともいるそうですからね。『体を北に向けたとき、東にあたるほう』とでも説明するのが、無難ではないでしょうか」(三浦, 2011, p.19)と言いました。ここでは、向く方向を一定にしたうえで、そこから90度の方向であるとしています。国語辞典にもさまざまな説明があります。試しに手元にあった『新明解国語辞典第五版』(2003)を引いてみました。「アナログ時計の文字盤に向かった

ときに1時から5時までの表示のある側(「明」という漢字の「月」が書かれている側と一致)」となっています。興味がある人は手元の辞書を見てみてください。

　エピソードは年少者のものですが、成人への日本語教育でも、語彙は非常に大切です。

0　「語」とは……?

本文に入る前に、「語」について少し説明をしておきます。語には**語形**（word form, その語の一定の形）と**語義**（word meaning, 一定の意味）があり、本来は分けることはできません。語形とはその語がどのように発音されるかということで、アクセントも含んだ形を指します。また、その語がどのように文字で書かれるかは、**表記形**といいます（図1参照）。

図1　語形・表記形・語義の関係

語は、意味を持つ比較的独立した最小の単位で、形態素が単独、または、2つ以上集まって意味を持ち、文の構成要素となるものです。そして、語彙はなんらかの制限のついた語の集合体です（詳しくは、1.2参照）。

本章では、「語彙」「意味」の2つに分けて説明します。「1　日本語教育のための『語彙』」で語彙と語形に関することを扱い、「2　日本語教育のための『意味』」で語義に関することを扱います。

1　日本語教育のための「語彙」

外国人学習者は日本語の語彙をどのくらい覚えなければならないのでしょうか。もちろん、学習者によって必要な語彙は異なっているので、一概にはいえません。ここでは、大まかな目安を得るために、日本語能力試験（旧試

験)⁽¹⁾の認定基準の抜粋を見てみましょう。

表1　語彙の認定基準と学習時間

旧試験の級	語彙	学習時間
1級	10,000語程度	900時間程度
2級	6,000語程度	600時間程度
3級	1,500語程度	300時間程度
4級	800語程度	150時間程度

(日本国際教育支援協会・国際交流基金編 (2008, p.107, 別表) をもとに作成)

　この表から、旧日本語能力試験1級のレベルでは10,000語程度の語彙を身につける必要があることがわかります。旧4級と旧3級が日常生活レベルでしたから、日常生活の語彙も1,500語程度は必要だということです。

1．1　語彙として、何を教えるの？

　では、実際のところ、日本語教育では「日本語の語彙」として何を教えているのでしょうか。みなさんが外国語を習ったときのことを思い出してください。まず、挨拶表現をその外国語でどう言うかを習い、そのあと、「水が欲しい」なら「水」というように、コミュニケーションが最低限できるために必要な単語を覚えたはずです。それから、単語を並べて自分の言いたいことを伝え、さらに、正確に伝えるために言葉の使い分けも習っていったはずです。日本語の場合も同じように外国人学習者は語から覚えていきます。何度もくり返し意味のある状況で使って語を身につけていきます。語はコミュニケーションの基で、上級になっても勉強し続けるものです。日本語の授業では、「その語の発音のしかた」「語の表記のしかた」「語の意味」「その語の適切な使い方」を教えていきます。「適切な使い方」では、文化的な背景の違いや学習者の母語との違いも考慮して指導します。

　ここで、**基本語彙** (fundamental vocabulary) と**基礎語彙** (basic vocabulary) について説明します。基本語彙とは、語彙調査を行い、その調査の中で特に使用頻度が高く、使用範囲が広い語彙のことです。統計的な裏づけがあり、

客観的に選ばれた語彙です。国立国語研究所は、1984年に『日本語教育のための基本語彙』6,000語を選定し、このうちの上位2,000語を学習すべき語としています。使用頻度が高く、使用範囲が広い語彙の例としては、「いる」「する」「なる」「こと」「言う」「ある」などが挙げられます[2]。基礎語彙とは、ある言語を使って日常生活を送るにはどんな語彙が必要なのかという観点で選ばれた一定の数の語の集まりで、語彙の選定は選ぶ人の主観的な判断によります。1933年に土居光知が「基礎日本語」1,000語を選定しています。しかし、これには現在ではほとんど使われない「袴(はかま)」や「外套(がいとう)」などの語が入っています。そこで、基礎語彙の考えに基づき、初級レベルの日本語学習者が学ぶべき一般的な語彙を選定したものがあります。それは、玉村(1987b)の「日本語教育基本2570語」です。このなかの動詞を一部紹介すると、「あう」「あげる」「ある」「居る」「住む」「売る」などがあります[3]。どんな語を教えるかは学習者のニーズによって異なりますが、初級段階では、この2つを意識しながら語彙を選定していくことが多いです。

1.2　語(単語)と語彙って？

ここまで語や単語、語彙という言葉をあまり区別なく使ってきました。ここで、語(単語)と語彙について説明しておきましょう。

語は**単語**ともいいます。語ということばにはさまざまな定義があるのですが、**語**(word)は「伝統的な言語学では『比較的独立性をもった、最小の意味的な統一体』」(国立国語研究所, 1984, p.10)のように定義されることが多いようです。本章も、この定義に沿って考えていくことにします。

「まつげ」や「菜の花」は、「ま(目)」「つ(=の)」「毛(け)」、「菜」「の」「花」のようにもとは別々の言葉でしたが、1つとして捉えられるようになりました。しかし、その語を1語として認めるかどうか(独立しているかどうか)は、判断が難しいこともあります。たいていは、アクセントの高いところ(アクセント核)かその語の中で1つだけあるか[1]で判断したり、後らの言葉の最初の音が濁音になっているか(連濁)で判断したりします。なお、「まつげ」はこの後者の例です。

言語学には、意味を持っている最小の言語単位として形態素(morpheme)

というものがあります。形態素が単独、または、2つ以上結合して意味を持ち、文を構成する要素になったものが語です。単独で語になれる形態素と単独では語になれない形態素があります。「やま」「かわ」などは、単独で語になれる形態素です。単独で語になれない形態素には、付属語 (adjunct word: 助詞・助動詞)、接辞 (affix: 接頭辞・接尾辞、1.5.2参照)、造語成分としての字音語 (例：学者、教育学の「ガク (学)」) などがあります。「非常識」の「非」、「美しさ」の「さ」、なども単独で語になれない形態素です。

一方、**語彙** (vocabulary) は、なんらかの制限がついた語 (単語) の集合だといわれています。国立国語研究所 (1984, p.3) は、語彙の厳密な定義として、「一定の範囲において行われる語の集合である」としています。また、「ある時代とか、ある地域とか、ある世代とか、ある作品の中でとか、ある個人の家庭生活の中でとかいうように、通例なんらかの限定のついた＜語の集合＞を指す」ともしています (同上)。

つまり、語彙とはある範囲での複数の語の集合体ともいえるでしょう。例えば、「宮沢賢治の童話の語彙」「新聞の語彙」「天気予報の語彙」のように使います。語と語彙の違いを表す例文を以下に挙げておきます。

(1) 国語の授業で「知己（ちき）」という語を習いました。
(2) 森鷗外作品の語彙には、明治の格調高さが感じられます。

1.3　語はどうやって数えるの？

語彙は語の集合体なので、その中の語は数えることができます。ただし、言葉として「語彙数」という言い方はしません。語彙は集合そのものを指しているためです。この場合は、**語彙量**[5]または**語数**という言葉を使います。数えるときには、**延べ語数** (the number of running words) と**異なり語数** (the number of different words) の2つの数え方があります。

(3) の文を語に分けてみる[6]と、表2のようになります。

(3) 庭には二羽、裏庭にも二羽、鶏がいる。

表2　延べ語と異なり語の数え方

語	庭	に	は	二羽	裏庭	に	も	二羽	鶏	が	いる
延べ語	1	2	3	4	5	6	7	8	9	10	11
異なり語	1	2	3	4	5	(2)	6	(4)	7	8	9

　出てきた語をすべて数えると11語です。これが延べ語数になります。同じ語を1語として数えると9語です。これが異なり語数になります。異なり語数は、語が何種類あるかを示します。

　例えば、「100語の日本語の文章を覚えた」という場合、その文章の語をそのまま数えたものが延べ語数です。延べ語数で数えた場合は、同じ語が何回あっても全体は100語です。その100語のうち、同じ語は1種類と数え、何種類の語があるか数えたのが異なり語数です。100語の文章のなかで同じ語が使われていれば、それを1語と数えるので、その文章の異なり語数は100語よりも少なくなります。

1.4　語の種類にはどんなものがあるの？

1.4.1　出自による分類

　次の語群は、2016年8月23日の中日新聞朝刊34面の見出しの一部です。

　　(4)　「この興奮きっと次も」
　　　　「リオっ子東京へエール」
　　　　「市民の声援カギ[7]」
　　　　「ふるさと納税控除見逃す」

　ずいぶんさまざまな種類の語が使われています。ひらがなで書かれているもの、漢字で書かれているもの、カタカナで書かれているもの、それらが混じっているものもあります。日本語の**語種**（type of words, 語の種類）は、その語がもともとどこから来たか（出自）によって、3つに分けられます。**和語**（word of Japanese origin）、**漢語**（Japanese word of Chinese origin）、**外来語**

(imported word) です。また、これらが混じってできた語もあります。それは**混種語** (hybrid word) と呼びます。以下はそれぞれの説明です (国立国語研究所, 1984; 高見澤監修, 2004; 日本語教育学会編, 2005; 沖森・木村・陳・山本, 2006)。また、(4) の見出しの語を例に挙げます。

[和語]
もとから日本語にあったとされる語のことをいいます。「やまとことば」とも呼ばれています。ひらがな・カタカナ・漢字 (訓読み) で書かれています。日常的な言葉が多く、口語的です。助詞などの文法要素もこの仲間です。
　　例：この、きっと、次 (つぎ)、も、へ、の、カギ (鍵)、
　　　　見逃す

[漢語]
古代から中世にかけて漢字とともに日本語に入った語のことです。当時の中国語の語彙が日本語化したものです。漢字 (2字以上、音読み) で表記されます。発音には特殊拍が多く含まれます。複合語を作り、抽象概念を表すことが多いです。
　　例：興奮、東京、市民、声援、控除

漢語の中には、**和製漢語**という日本で作られたものがあります。これは、和語に漢字を当て、その漢字を音読みにしたもので、例としては、返事 (かへりごと→返＋事→へんじ)・大根 (おほね→大＋根→だいこん) などが挙げられます。また、近代以降に作られた「物理」「水素」「哲学」「経済」なども和製漢語です。

[外来語]
16世紀以降、中国以外の外国 (主として欧米諸国) から日本語に入ってきた語のことをいいます。カタカナで表記することから、「カタカナ語」とも呼ばれています。ただし、外国語に由来する感じが意

識されなくなり、ひらがなや漢字で表記される語もあります（天ぷら、煙草、金平糖など）。

　　例：エール

[混種語]
和語・漢語・外来語のうち、2種以上の語が組み合わされてできた語です。

　　例：リオっ子（外来語＋和語）、ふるさと納税（和語＋漢語）

　他の言語から輸入した語をまとめて**借用語**（loanword）ということもあります。漢語と外来語は借用語です。

> 〈グループワーク1〉
> 「ら・り・る・れ・ろ」で始まる日本語をそれぞれ5語挙げ、それぞれの語が、和語・漢語・外来語・混種語のどれにあたるか、分類してください。その結果どんなことがわかったか、話し合いましょう。

1.4.2　実質語と機能語

　どんな内容や文法機能を持っているか、という観点から語を分類すると、2種類に分けられます。実際に内容があって文法的な意味を持つもの（**実質語、内容語**、content word）と文法的な意味だけを持つもの（**機能語**、function word）です。

[実質語]
名詞、動詞、形容詞（形容動詞を含む）、副詞、連体詞、感動詞など。

[機能語]
接続詞、助詞、接辞（接尾語・接頭語や助動詞など、1.5.2参照）など。機能語の語種は和語だけです。

第3章　日本語の語彙・意味

1.3の(3)の例文を実質語と機能語に分けると表3のようになります。

表3　実質語と機能語の区別

語	庭	に	は	二	羽	裏庭	に	も	二	羽	鶏	が	いる
区別	実	機	機	実	機	実	機	機	実	機	実	機	実

(表中「区別」の略号は次のとおり。実：実質語　機：機能語)

1.4.3　単純語と合成語（複合語、畳語、派生語）

語には、**単純語** (simplex word) と**合成語** (complex word) という分け方もあります。合成語には、**複合語** (compound word)、**畳語** (geminate word)、**派生語** (derived word) という種類があります。これは、語がどのように結びついているかという観点から分類したものです。

[単純語 (simplex word)]
名詞、副詞などの活用しない自立語や活用語の語基（語幹）でそれ以上小さく分けることのできない語のことです。自立成分1つでできている語でもあります。
　　例：手、見る、高い、など

[合成語 (complex word)]
2つ以上の語が結合してできている語で、自立成分1つと他の成分が結びついている語です。以下の3種類に分けられます。

①複合語 (compound word)
自立成分が2つ組み合わされた語です。統語構造と並列構造に分けられます (1.5.1参照)。
　　統語構造の例：山歩き、踊り狂う
　　並列構造の例：道路、売買

②畳語 (geminate word)
同じ成分の語をくり返した語[8] です。畳語が多いことは日本語の特徴の 1 つとされています (玉村, 1987b)。
　　例：国々、山々、ますます、ほのぼの、もっともっと、
　　　　ガタガタ、どろどろ

③派生語 (derived word)
自立成分 1 つに、1 つ以上の接辞が付いた語です (1.5.2 参照)。
　　例：お知らせ、小降り、さみしげ、子どもっぽい、お姫様

1.5　語の造り方はどんなものがあるの？
1.5.1　複合語の語構成
　複合語の**語構成** (word formation, 語の造り方) は統語構造と並列構造に分けられます。統語構造は、複数の自立成分の間に主語述語の関係や修飾被修飾の関係があるものです。並列構造は、複数の自立成分が対等に結びついているものです。並列構造では、同じような意味の語を並べたもの、同じグループになるもの、対になる意味の語を並べたものがあります。

［統語構造］
主語述語の関係：雨降り (雨が降る天気)
　　　　　　　　身軽(みがる) (身が軽い)
　　　　　　　　行方不明 (行方が不明だ)

修飾関係：ビデオ教材 (ビデオの教材)
　　　　　新茶 (新しい茶)
　　　　　山歩き (山を歩くこと)
　　　　　カラー印刷 (カラーで印刷すること)
　　　　　建て売り (建てて売ること)

第 3 章　日本語の語彙・意味

[並列構造]
　　樹木、使用、手足、衣食住、内外、開閉

1.5.2　派生語の語構成

　派生語は、接辞の位置により、2種類に分けられます。語の頭に付く**接頭辞** (prefix) が付いた語と、語の後ろに付く**接尾辞** (suffix) が付いた語です。これらの接辞には、元の語に意味を追加する働きがあります。また、接尾辞には元の語の品詞を変える働きがあります。

　　接頭辞の例：<u>大</u>地震 (おおじしん)、<u>お</u>知らせ、<u>ご</u>気分、<u>不</u>必要、
　　　　　　　　<u>再</u>配達、<u>スーパー</u>銭湯、<u>ぶん</u>なぐる、<u>もの</u>しずか
　　接尾辞の例：暑<u>さ</u>、深<u>み</u>、さむ<u>け</u>、伸縮<u>性</u> (名詞を作る)
　　　　　　　　さみし<u>げ</u>、おもしろ<u>そう</u>、協力<u>的</u> (形容動詞を作る)
　　　　　　　　四角<u>い</u>、男<u>らしい</u>、大人<u>っぽい</u> (形容詞を作る)
　　　　　　　　涙<u>ぐむ</u>、つよ<u>がる</u>、先輩<u>ぶる</u> (動詞を作る)
　　　　　　　　劣<u>化</u>する、危険<u>視</u>する (サ変動詞を作る)
　　　　　　　　理論<u>上</u>、今月<u>限</u>り (副詞を作る)

1.5.3　変音現象

　合成語が造られるとき、成分の結合があるため、音に変化が生じること (変音現象) があります。例えば、**転音** (**母音交替**、vowel alternation) や**連濁** (sequential voicing)、**連声**(れんじょう) (sandhi)、**音便** (euphony) などです。以下、主なものを紹介します。

　　[転音 (母音交替、vowel alternation)]
　　最初の語の最後の母音が変化して、次の語につながる現象です。
　　　　　エ段→ア段：あ<u>め</u>＋やどり　→　あ<u>ま</u>やどり (雨宿り)
　　　　　　　　　　　さ<u>け</u>＋たる　→　さ<u>か</u>だる (酒樽)
　　　　　イ段→オ段：<u>き</u>＋たち　→　<u>こ</u>だち (木立)
　　　　　エ段→オ段：<u>せ</u>＋むく　→　<u>そ</u>むく (背向く)

[連濁 (sequential voicing)]
連続するとき、後ろの語の語頭の音が清音から濁音に変化する現象です。

　　麦＋はたけ（畑）　→　むぎばたけ
　　山＋さくら（桜）　→　やまざくら
　　聞き＋すてる　→　ききずてる

[連声 (sandhi)]
最初の部分の末尾の子音が後ろの音に影響を与え、後ろの語の音が変化する現象です。この現象は、中古・中世に起こったもので、現代では特定の語だけ残っています（国立国語研究所, 1985; 玉村編, 1992）。

　　天皇：てん＋おう　→　てん(n)の(n+o)う
　　観音：かん＋おん　→　かん(n)の(n+o)ん
　　三位一体：さん＋い　→　さん(m)＋み(m+i)

[音便(euphony)]
最初の語の末尾の音が促音や撥音に変わる現象のことです。また、狭義には、動詞、形容詞の連用形が「て」「たり」「た」等に接続するときの変音現象のことをいいます。例えば、「行きて→行って」となる、促音便の例があります。

　　ふみ＋つける　→　ふんづける
　　かみ＋さし　→　かんざし
　　ひき＋つかむ　→　ひっつかむ

[音韻添加]
2語がつながる際に、結合部に新しい音が付け加わる現象です。

　　春雨：はるさめ (haru+s+ame)
　　詩歌：しいか (shi+i+ka)

[音韻脱落]
結びついた語にあった音が抜け落ち、音の数が減る現象です。
　　裸足：はだか＋あし　→　はだし
　　河原：かわ＋はら　　→　かわら

[音韻融合]
2つの音が連続するとき、最初の語の語尾と次の語頭の音が融合して、別の音に変わる現象です。
　　狩人：かりうど　→　かりゅうど
　　胡瓜：きうり　　→　きゅうり

[半濁音化]
後ろの語がハ行音で始まるとき、そのハ行音がパ行音に変わる現象です。そのとき、同時に直前の促音化（「っ」が加わる）が起こります。
　　喧嘩っ早い：けんか＋はやい　→　けんかっぱやい
　　鼻っ柱：はな＋はしら　　→　はなっぱしら

ここまでは、語彙と語形について説明しました。次に、意味について見ていきましょう。

2　日本語教育のための「意味」

　語には、社会の中で習慣的に使われ、受け入れられる共通の意味があります。また、個人的に特別な意味を持つこともあります。例えば、「昨日ハイキング中に、大きな石が落ちてきて大変だったね」というときは、実際の「石」を意味しています。「昨日、『石』が怒っちゃってさ」というときは、「石」というあだ名の人を意味し、一般的な意味とは異なっています。この場合は、共通の意味ではなく個人的な意味になります。
　個々の単語について、その語の用法なども含めて、社会的・慣習的に一定していると考えられる意味の全体は**意義素**（semanteme）といわれています（国

立国語研究所, 1985; 玉村, 1987b)。意義素は**意味特徴** (semantic feature) の束(たば)と考えられています。例として、「おじ」「おば」という語を見てみましょう。

表4　意味特徴の比較

	意味特徴				
	親族	尊属	傍系(ぼうけい)	3親等	男性
おじ	＋	＋	＋	＋	＋
おば	＋	＋	＋	＋	－

(国立国語研究所 (1985, p.84) の表をもとに作成)

　表4を見ると、「おじ」と「おば」は複数の意味特徴で意義素が構成されていることがわかります。意味特徴としては、親族、尊属、傍系、3親等、男性があります。この要素がすべてあるもの（＋の印）が「おじ」、男性の要素だけがないもの（－の印）が「おば」です。つまり、性別についてだけ反対の特徴を持っています。意味特徴のうちのどの要素が異なっているか分析することで、意味の違いが見つけやすくなります。

2.1　語の体系性ってどういうこと？

　語には体系性があり、それを用いて学習を支援することは効果的であるといえます。この方法は、ある程度の語彙が身についた学習者には、特に有効でしょう。以下、音による体系性がある程度明らかな語のグループをまとめてみます。

(1) 指示詞

　「コソアドことば」ともいいます。「こ・そ・あ」で「近・中・遠」の意味を持ち、後ろに特定の言葉がついて、「もの」や「場所」などを指し示す語です。「ど」で始まる語は指示するものがわからないときに使います（疑問語）。

「こ・そ・あ・ど」＋「-れ」(もの)
「こ・そ・あ・ど」＋「-こ」(場所)
「こ・そ・あ・ど」＋「-ちら」「-っち」(方向)
「こ・そ・あ・ど」＋「-なた」(人・方向)
「こ・そ・あ・ど」＋「-いつ」(人)
「こ・そ・あ・ど」＋「-の」(名詞を修飾)
「こ・そ・あ・ど」＋「-んな」「ー(長音：こう、ああ)」(様子)

(2) 親族関係語

親族関係を表す語のことです。自分が家族のことを言うときに使う場合と、他人の家族のことを言う場合との2種類があります。

自分の家族：あに・あね／おとうと・いもうと／ちち・はは／
　　　　　　そふ・そぼ
他人の家族：おにいさん・おねえさん／
　　　　　　おとうとさん・いもうとさん／
　　　　　　おとうさん・おかあさん／おじいさん・おばあさん

(3) オノマトペ (onomatopoeia, 擬音語・擬態語)

オノマトペは、**擬音語**[9] (onomatopoeia)、**擬態語** (mimesis) などの音象徴語をまとめていう語です。外界の音を言語の音で写したものが擬音語、音を持たない事象をことばでどんな様子か表現したものが擬態語です。

擬音語の例：犬が<u>ワンワン</u>鳴いている。
擬態語の例：赤ん坊が<u>ニコニコ</u>笑っている。

日本語は擬音語・擬態語が非常に発達しています。また、擬態語に体系性が整っていることは日本語の特徴の1つだといわれています（日本語教育学会編, 2005）。以下の例では、「清音と濁音の違い」が、「音やものの大きさの違い」や「動きの勢い」を反映しています。

例：コロコロ・ゴロゴロ／ハラハラ・パラパラ・バラバラ／
　　キラキラ・ギラギラ／シトシト・ジトジト／
　　コトコト・ゴトゴト／カタカタ・ガタガタ

その現象が連続的か1回きりかによって、以下のような違いがあります。

例：ゴロゴロ・ゴロン／ハラハラ・ハラリ／キラキラ・キラリ／
　　ドキドキ・ドキッ

　以上の例は、ある程度はっきりした体系性がある語です。また、語をグループ化するときは、類義語・対義語の関係やある語を中心としてその語と関係のある語をまとめて教える方法もあります。類義語の例としては、「上がる・上る」「乗る・乗車する」など、対義語の例としては、「上る・下る」「乗る・降りる」などが挙げられます。関連のある語の例としては、着脱動詞「着る・かぶる・かける・はく・する・はめる」「脱ぐ・とる・はずす」があります。これらの動詞は、何を身につけるかで選ぶ動詞が違ってきます。

例：眼鏡をかける・とる・はずす／上着を着る・脱ぐ／
　　ズボンをはく・脱ぐ／指輪をはめる・はずす／
　　帽子をかぶる・とる

2.2　意味的なまとまりにはどんなものがあるの？

　意味的なまとまりとして、関連がある組み合わせ、コロケーション（共起関係）、慣用句を順に取り上げ、見ていきます。
　最初に、意味が似ているもの、反対の意味を持つもの、一方が他方を含むものなど、語をグループ化するうえで関連がある語の組み合わせを見てみましょう。

(1) 類義語(synonym)

　類義語とは、いくつかの意味特徴 (2.の冒頭参照) を共有している語の組み

合わせです。これらの語は、異なる形式を持っていますが、意味は似ています。

　　例：上がる・上る／先生・教師／惑星・遊星／きれいだ・美しい

(2) 対義語 (antonym)

対義語は、いくつかの意味特徴を共有していますが、特定の1点に関して正反対の意味特徴を持つ単語の組み合わせです。つまり、意味が反対の関係になる語の組み合わせです。この章の表4にある「おじ・おば」のような関係です。「反対語」という語を使っている本もあります (国立国語研究所, 1985; 宮, 2012)。以下に、対義語の7分類 (村木, 2002) から主なものを3つ簡単に紹介します。

① 相補関係[10]にある組み合わせ (右－左、表－裏、男－女)
② 程度性があって、中間がある組み合わせ (高い－低い、静か－にぎやか、積極的－消極的)
③ 同じ現象を異なる視点から見る組み合わせ (教える－教わる、貸す－借りる、売る－買う)

(3) 上位語 (hypernym) と下位語 (hyponym)

ある語の範囲が、他の語の範囲をすべて含んでいる場合 (包摂関係) の語の関係です。以下の例では、鳥や花が**上位語**、カッコ内の語が**下位語**となります。

また、「ツル・カモメ・雀・カラス」や「バラ・菊・蘭・スミレ」は互いに同じグループに所属する**同位語** (appositive) です。

　　例：鳥 (ツル・カモメ・雀・カラス)
　　　　花 (バラ・菊・蘭・スミレ)

次に、**コロケーション** (collocation, **共起関係**) について見てみましょう。コロケーションとは、「ある語が文中で用いられるときに、共に用いられる

他の語や句などの要素との関係」(日本語教育学会編、2005, p.281) のことです。言い換えると、ある語がどんな語と一緒に使えるか、どんな語とは一緒に使えないかということです。

　　例：リンゴの皮を剥く、鉛筆を削る、シールをはがす、
　　　　この小説はぜんぜんおもしろくない。(否定)[11]

　最後に、慣用句について見てみましょう。慣用句とは、「2つ以上の自立語が組み合わさって一定の意味を表しているもの」(日本語教育学会編、2005, p.235) です。慣用句は、比喩的な意味を持ち、意味の類推が難しいものです。以下の例「骨が折れる（骨折する・苦労する）」のように、そのままでも意味が通るものがあるので、学習者は理解に苦労します。さらに、故事成語に由来したり、ある社会に特有のものが一般化されたりと、多様です。

　　例：骨が折れる　（骨折する・苦労する）
　　　　弘法も筆の誤り　（どんな上手な人も間違えることはある）
　　　　一目置く　（相手に敬意を示して遠慮すること。囲碁で実力の
　　　　　　　　　劣るものが、先に一目の石を置いてから対局を始め
　　　　　　　　　ることから出た言葉）

2.3 位相について

　位相 (phase) は、「同じようなことがらを伝えるのに、性別、地方、年齢、職業などの集団・場面などによって用いることばが異なる現象のこと」(高見澤監修、2004, p.174) です。簡単に言うと、どんなグループにいるか、どんな場面にいるかで使うことばが違うということです。方言、男ことばと女ことば、話しことばと書きことば、敬語、年齢の違いによる差 (幼児語、児童語、成人語、老人語) などが挙げられます。特に地方で生活している外国人住民にとっては、方言の理解がコミュニケーションをするうえで重要になります。

2.4 比喩 (直喩、隠喩、換喩、提喩)

比喩 (metaphor) とは、ある物事をわかりやすく説明するために、それに似た他のものに例えて言い表すことです。**直喩** (シミリ)、**隠喩** (メタファー)、**換喩** (メトニミー)、**提喩** (シネクドキ) の4つの種類があります。

[直喩 (シミリ、simile)]
「〜よう」「〜みたい」を使って表現する言い方です。
　　例：赤ちゃんのような泣き方、先生みたいに話す

[隠喩 (メタファー、metaphor)]
「〜よう」「〜みたい」を使わないで例える言い方です。
　　例：大根足、人生は旅だ

[換喩 (メトニミー、metonymy)]
ある物事を、それと関係ある事物を使って表す言い方です。
　　例：モーツアルトを聞く、鍋を食べる、漱石は棚の二段目にある。

[提喩 (シネクドキ、synechdoche)]
ある事物を示すのにその上位語や下位語を使って表す言い方です。
　　例：花より団子 (花が上位語で、下位語の「桜」を指す。団子が下位語で、上位語の「食べ物」を指す。)
　　　　お茶でも飲みませんか。(お茶が下位語で、上位語の「飲み物」を指す。)

2.5 同義語、多義語、同音異義語、同訓異義語

話しことばでも書きことばでも、理解するときに問題になるのは、同義語や多義語です。**同義語** (synonym) とは、よく似た意味を持つ複数の語のことをいいます。しかし、完全な同義語はありません。同じものを、言語学で、**類義語** (synonym) といいます。

例：恐ろしい・怖い／児童・生徒・学生／
　　わたし・わたくし・あたくし・ぼく・てまえ・おれ・じぶん

　これらの語は、意味は似通っていますが、語感や使う場面などは少しずつ異なっています。適切な使い分けも問題になります。
　多義語 (polysemy) は、品詞は同じですが、複数の意味を持つ語のことです。

例：もの（者・物）、みち（路／道）、高い（値段が・背が）、
　　かける（×(掛ける)、書ける、掛ける、欠ける、賭ける）

　これらの語も、どんな文脈で使われているかによって意味が異なってくるので、混乱が起きるもとになります。
　同音異義語 (homonym) は、同じ読み方でも表記も意味も異なる語のことです。日本語には同音異義語が多く、耳でとらえたときに、誤解を招くこともあります。

例：きく……聞く、聴く、効く、利く
　　かいてい……改定、改訂、海底、開廷
　　こうがい……口蓋、梗概、校外、口外、郊外
　　けんさく……検索、献策、研削
　　さんじょう……三乗、山上、参上、惨状、三畳、三帖

　同訓異義語 (kun-homonym) は、訓が同じ読み方で表記や意味が異なる語のことです。

例：はし……箸、橋、端
　　あま……尼、海女、亜麻

　これらは、文字で書くと理解できるのですが、その語を聞いただけで意味を思い浮かべるのは、なかなか難しいものです。

> 〈グループワーク2〉
> 自分がこれまで習ってきた外国語の語彙と比べて、日本語の語彙にはどんな特徴があるでしょうか。自分たちの外国語の語彙学習の体験を話し合い、日本語の語彙の特徴をまとめてください。

3 教室では「語」をどうやって教えるの？

　授業では、使用語彙と理解語彙を意識して、指導を行っていきます。日本語教育では、最初は使用語彙中心に学習を進めますが、だんだん理解語彙が増えていくように授業を組み立てていきます。

　教室での説明方法としては、①母語の利用、②視覚情報の利用、③日本語の利用の3つがあります。①は、教師が母語の訳語を言うこと、語彙表の配付、対訳辞書を用いた学習などです。この方法は、母語が同じ学習者のいるクラスの場合は有効です。聴解や読解などの授業活動のときに対訳付きの語彙表があれば、母語で意味が最初からわかるので、安心して授業が受けられ、意味の理解も進みます。しかし、意味が1対1でない言葉の場合（例えば、「手紙」は中国語では「トイレットペーパー」を指す）は、誤解を招くこともあります。②は、特に初期指導で意味を伝えるのに、実物や絵や写真、ビデオや動作を使うことです。絵で表せない抽象的な言葉（例えば、「経済」「心理」など）の場合は難しく、動作や場面設定をした会話を組み合わせるなど工夫が必要です。③は、学習者の知っている日本語で教えたり、学習者に自分の使える日本語で言わせたりする方法です。語彙や文型の復習になりますが、教師が語彙のコントロールをする必要があります。

　学習者が身近なテーマについて自分で話をするときに、適切な語が選べることを目的にした教科書も出てきました（木下・三橋・丸山, 2015）。これは、どんな場面でどの語が使えるかが練習できる教科書です。授業の例は、大森・鴻野（2013）や国際交流基金（2011）に詳しく載っています。関連して、教具などについては第3巻第8章も参考にしてください。

4 「語彙・意味」を教えるとき教師の味方になるのは何?

　ここで、「語彙・意味」を教えるときに参考になることを4点紹介します。辞書(辞典)、実例、自分、ことばへの関心の4つです。

　みなさんはどんな辞書(辞典)をお持ちですか。いちばん基本的な意味は何か、どういう例文があるのか、意味の説明に役立つ用例はないかなど、さまざまな場面で辞書(辞典)は大切な相談相手です(国語辞典についてもっと知りたい人はサンキュー(2013)を見てください)。中でも、筆者がいちばん頼りにしているのは森田(1989)『基礎日本語辞典』です。これは日本語の基礎語の意味を分析し、他の語との違いを説明した辞典です。単なる言葉の言い換えではなく、その言葉は本質的にどんな意味なのかを教えてくれます。コロケーションについて知りたいと思ったら、小内編(2010)『てにをは辞典』が便利です。他にもいろいろな辞書(辞典)が出ているので、自分に合ったものを探してみてください。

　実例というのは、いろいろな場面で「あれ?」と思った言葉のことです。これをメモし、気づいたことを書き留めておくといいでしょう。例えば、「(おいしいケーキを食べて)これ、ヤバーい」という言い方があります。「ヤバい」は、以前は「危ない、危険な」という意味で、「あいつはヤバい仕事をしている」のように使いました。最近は褒め言葉として使われているのをよく耳にします[12]。年代によって使い方に違いがあるので、この言い方を不快に思う年齢層の人もいることでしょう。また、「見れる」という表現は、話しことばではよく使われていますが、テレビ番組のテロップでは「見られる」と直してあります。この例を見ると、「見れる」は書きことばとしてはまだ定着していないことがわかります。このように、気になる表現をメモし、考えてみることも大切だと思います。日本語を母語としている人にとって、日本語は生まれてからずっと使っていることばなので、注意しなければ、聞き流してしまいます。だからこそ、違和感を大切にしていくことをお勧めします。ことばは時代によって変化していきますが、学習者が周りの日本人に誤解されないように教える配慮も必要だと思います。

　辞書(辞典)で語を探し、実例を見て、最終的に判断するのは自分です。

自分が納得したうえで学習者に伝えられるよう、いろいろな資料をもとに考えることが大切です。それには、ことばに対する関心をいつも持っていることも重要です。また、日本語だけでなく学習者の国のことばにも興味を持って比較すると、誤用の予測にも役立ちます。

5　最近の流れ：多読のすすめ

　語彙がある程度身についてきた学習者が、さらに、語彙の力を伸ばすにはどうしたらいいでしょうか。最近は、多聴・多読の活動が語彙の学習に貢献するのではないかと注目されています。その理由は、既習の言葉と自然な文脈の中でくり返し出会えるからだといわれています（国際交流基金, 2011）。このようなことから、学習者に多読を勧める傾向が出てきました。学習者の日本語レベルに合わせた教材（例：『レベル別日本語多読ライブラリ』シリーズ、『にほんご多読ブックス』シリーズ）も発行され、研修会も行われています[13]。本の教材だけでなく、多読に適したウェブサイトやウェブツールもあります[14]。ウェブサイトにふりがなを付けてくれるツールもあります[15]。

　学習者には、上記のような教材を用いて、楽しみながら自分でやさしいレベルの日本語で書かれた本を読んでいく習慣を身につけてほしいのです。そうすることにより、日本語の他の本を読むようになるきっかけにもなるでしょう。特に語彙学習では、学習者が「もっと読みたい」という意欲を持ち、さらに本を読むことで記憶に残る言葉も増え、使える語彙も自然に増えていくことと思われます。

[注]
(1)　日本語能力試験とは、「原則として日本語を母語としない人を対象に、日本語能力を測定し、認定すること」を目的に国際交流基金と日本国際教育支援協会が実施している試験です。1984年から実施されています。2010年から新しい日本語能力試験になり、内容が改訂されました。旧試験の級と新試験のレベルは対応しています。そのため、旧試験の『出題基準』を参考にしてみました。なお、新試験の「出題基準」は公開されていません。「認定の目安」が公開されています。「日本語能力試験」JLPTウェブサイト <www.jlpt.jp>（2017年3月8日閲覧）
(2)　南場（1992, p.77）の「<表2>各種語彙調査における使用頻度の高い10語」より、4種以上の調査に現れている語を抜粋しました。

⑶ 南場 (1992, p.79) の「＜表 3＞初級レベルの日本語学習者が学ぶべき基本的な語彙」の動詞のところからいくつか抜粋しました。なお、この表 3 は、玉村 (1987b) の「日本語教育基本語彙 2570 語」を品詞別に整理したものです。
⑷ 「1 語の中では、高いアクセントの部分は 1 か所しかない」(高見澤監修、2004, p.43) ので、語のまとまりを示すことができます。
⑸ 「語彙を見出し語の集合として捉えたとき、その語彙の濃度（＝見出し語の個数）を語彙量という。すなわち、語彙量とはある表現域の異なり語数のこと」(日本語教育学会編、2005, p.283) です。
⑹ ここでは、国文法の品詞の切り方で分けてあります。
⑺ この「カギ」は和語ですが、特別な意味を持ち、それを強調するためにカタカナ表記になったものです。意味は「事件や問題を解決するための重要なポイント」(『大辞林』アプリ、物書堂) です。和語はひらがなや漢字で表記するのが一般的なので、それをカタカナ表記することで普通の意味とは違うことを表しています。
⑻ 「畳語には同一成分の重複ではないが、『二度とふたたび』『おめずおくせず』のような『準畳語』とも言うべき構成が考えられる」とされています (国立国語研究所、1985, p.9)。
⑼ 「オノマトペというのは、本来は動物や虫等の鳴き声や音等を表し、擬声語や擬音語と訳される」(近藤・小森編、2012, p.211) とあるように、オノマトペは擬音語のことで、擬音語の英語訳は "onomatopoeia" です。しかし、擬音語・擬態語などを総称してオノマトペともいうので、オノマトペの英語訳も "onomatopoeia" としています。
⑽ 相補関係とは、「ある意味の枠のなかで概念の領域を二分するものである。一方が肯定されれば、他方が否定され、逆に、一方が否定されれば他方が肯定される」(森田・村木・相澤編、1989, p.90) 関係です。
⑾ くだけた話しことばでは、「全然おもしろい」「全然いい」というようにプラス評価の述語と一緒に使われ、驚きや意外性を表す場合もあるそうです (日本語教育学会編、2005, pp.281-282)。
⑿ 2015 年の文化庁の調査では、「とても素晴らしい」意味で「ヤバい」を使うという人の割合は 26.9％で、年代別では 16〜19 歳が 91.5％、20 代が 79.1％となっています (「平成 26 年度「国語に関する世論調査」の結果の概要」<http://www.bunka.go.jp/tokei_hakusho_shuppan/tokeichosa/kokugo_yoronchosa/pdf/h26_chosa_kekka.pdf>) (2017 年 3 月 12 日閲覧)。
⒀ NPO 多言語多読ウェブサイト <http://tadoku.org> (2017 年 3 月 12 日閲覧)
⒁ 国際交流基金関西国際センターの「NIHONGO eな」には教材情報がたくさんあります。<http://nihongo-e-na.com/jpn/> (2017 年 3 月 12 日閲覧)
⒂ 例えば、「ひらひらのひらがなめがね」<http://www.hiragana.jp> (2017 年 3 月 12 日閲覧)

[参考文献]

岩田一成・大関浩美・篠﨑大司・世良時子・本田弘之 (2012).『日本語教育能力検定試験に合格するための用語集』アルク.

大森雅美・鴻野豊子 (2013).『日本語教師の 7 つ道具シリーズ 4　語彙授業の作り方編』アルク.

沖森卓也・木村義之・陳力衛・山本真吾 (2006).『図解日本語』三省堂.

小内一 (編) (2010).『てにをは辞典』三省堂.

加藤彰彦・佐治圭三・森田良行 (編著) (1989).『日本語概説』桜楓社.

木下謙朗・三橋麻子・丸山真貴子 (2015).『身近なテーマから広げる！　語彙力アップトレーニング―初級が終わってからレベル―』アスク出版.

国際交流基金 (2011).『国際交流基金　日本語教授法シリーズ第3巻　文字・語彙を教える』ひつじ書房.
国立国語研究所 (1984).『日本語教育指導参考書12　語彙の研究と教育（上）』大蔵省印刷局.
国立国語研究所 (1985).『日本語教育指導参考書13　語彙の研究と教育（下）』大蔵省印刷局.
近藤安月子・小森和子 (編) (2012).『研究社日本語教育事典』研究社.
サンキュー・タツオ (2013).『学校では教えてくれない！　国語辞典の遊び方』角川学芸出版.
城生佰太郎 (2012).『日本語教育の語彙』勉誠出版.
高見澤孟 (監修) (2004).『新・初めての日本語教育1　日本語教育の基礎知識』アスク出版.
多言語多読 (監修) (2006～2017).『レベル別日本語多読ライブラリ（にほんごよむよむ文庫）』シリーズ　レベル0～レベル4. アスク出版.
多言語多読 (監修) (2016～2017).『にほんご多読ブックス』シリーズ　vol.1～vol.8. 大修館書店.
玉村文郎 (1987a).『日本語の語彙・意味 (1)』NAFL Institute 日本語教師養成通信講座第5回配本. アルク.
玉村文郎 (1987b).『日本語の語彙・意味 (2)』NAFL Institute 日本語教師養成通信講座第6回配本. アルク.
玉村文郎 (編) (1992).『日本語学を学ぶ人のために』世界思想社.
南場尚子 (1992).「第3章　語彙　1　基本語・基礎語・語彙の計量」玉村文郎 (編)『日本語学を学ぶ人のために』pp.74-84. 世界思想社.
日本語教育学会 (編) (2005).「3. 語彙意味」『新版日本語教育事典』pp.215-311. 大修館書店.
日本国際教育支援協会・国際交流基金 (編著) (2008).『平成19年度日本語能力試験1・2級　試験問題と正解』凡人社.
日本語多読研究会 (監修) (2012).『日本語教師のための多読授業入門』アスク出版.
三浦しをん (2011).『舟を編む』光文社.
水谷信子 (監修) (1992).『日本語の教え方短期実践講座⑤　日本語の語彙と教え方』アルク.
宮耕 (2012).『やさしい日本語指導6　語彙・意味＜改訂版＞』国際日本語研修協会 (監修). 凡人社.
村木新次郎 (2002).「第3章　意味の体系」北原保雄 (監修)・斎藤倫明 (編著)『朝倉日本語講座4　語彙・意味』pp.54-78. 朝倉書店.
森田良行 (1989).『基礎日本語辞典』角川学芸出版.
森田良行・村木新次郎・相澤正夫 (編) (1989).『ケーススタディ日本語の語彙』おうふう.

Challenge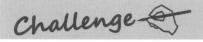

[解答はp.185]

問　次の(　)に適切な用語を入れて、文を完成させてください。

(1) 語には、その語の一定の形(①　　　)と一定の意味(②　　　)があり、本来は分けることができない。

(2) 旧日本語能力試験1級のレベルでは、(③　　　)語程度の語彙を身につける必要がある。旧3級までが日常生活レベルなので、日常生活の語彙も(④　　　)語程度は必要だ。

(3) ある特定の時代や集団や作品の中など「通例なんらかの限定のついた＜語の集合＞」を(⑤　　　)という。

(4) 言語学でいう意味を持っている最小の言語単位は、(⑥　　　)である。そして、これが単独、または、2つ以上結合して意味を持ったものが(⑦　　　)である。

(5) 「おおじしん」の「おお」、「ぶんなぐる」の「ぶん」は、(⑧　　　)の例である。

(6) 変音現象の代表的なものには、「あまぐも」や「こだち」のような(⑨　　　)、「ききずてる」「やまざくら」のような(⑩　　　)、「てんのう」「さんみ」のような(⑪　　　)、「ひっつかむ」「ふんづける」のような(⑫　　　)がある。

(7) 個々の単語について、その語の用法なども含めて、社会的・慣習的に一定していると考えられる意味の全体が、(⑬　　　)といわれている。これは、(⑭　　　)の束と考えられている。

(8) 音象徴語を総称して(⑮　　　)という。(⑯　　　)・(⑰　　　)の2種類がある。日本語はこれらの語が豊富である。

(9) ある語がどんな語と一緒に使えるか、どんな語とは一緒に使えないかをという関係を示すのが、(⑱　　　)である。

(10) ある物事をわかりやすく説明するために、それに似た他のものに例えて言い表すことを(⑲　　　)という。(⑳　　　)・(㉑　　　)・(㉒　　　)・(㉓　　　)の4つの種類がある。

第4章 日本語の文法

　日本語を教えていると、私たち（日本語母語話者）が思いもよらないような日本語に出会います。例えば、次のようなものです。

① これは、フルーツのタイです。
② （昨日のテストについて）テストはいいじゃありませんでした。
③ はじめて日本に来たとき、古いのホテルに泊まりました。

　これらは、日本語を勉強している学習者（以下、学習者）の発話です。私たちは、このような日本語は決して話さないですし、どこが誤っているのかすぐにわかります。①はおそらく、「これは、タイのフルーツです」と言いたかったのでしょう。②は「テスト（の結果）はよくなかったです」と、③は「はじめて日本に来たとき、古いホテルに泊まりました」と表現したかったのだろうと思います。
　では、学習者はどういう理由からこのような文を言ってしまったのか考えてみましょう。①は、タイ人学習者の発話文ですが、母語であるタイ語の影響が考えられます。日本語で話すときも母語の順番で言ってしまったのでしょう。②は、品詞によって否定の形が違うという点が習得できていないことに加え、日本語の教科書の影響も考えられます。まず、形容詞「いい」の否定の形は「よくない」と形を変えなければなりません。そして、日本語の初級教科書の多くが、「形容動詞」「名詞」の否定の形は「〜じゃありません」で教えています。これらが背景となって②は、「いい」に、「形容動詞」「名詞」を否定するときに使われる「じゃありません」を単純にくっつけて言ってしまったものと推測されます。

③ですが、原因の推測が難しいです。「日本語の教科書」のように、名詞を名詞が修飾する場合は、その間に助詞「の」が使われます。形容詞（③の「古い」）や動詞の後でも「の」を使用してしまう③のような誤り（過剰般化、第2巻第1章参照）については、これまでの研究で、中国語を母語とする学習者に多くみられることが指摘され、中国語の「的」（例：大的大学＝大きい大学）の影響によるものだという見方があります（第4巻第5章参照）。しかし、同様の誤りが中国語以外を母語とする学習者にも観察されることから、日本語特有の習得が難しい項目といえそうです。学習者は、名詞を修飾するときに、「の」と被修飾名詞（③の「ホテル」）をセットにして使用しているのかもしれません。

　このように、学習者は私たちが予想もしないような日本語の文を作ります。そんなとき日本語教師は、日本語を分析的に見て、話したり書いたりするときのルールを十分に知っておくことが必要です。この章では、そのルールである「文法」について、考えていきましょう。

1 日本語の文法とは

　文法とは何でしょうか。ごく大まかにいうと、ある言語に存在している言葉に関するルールです。私たちは日本語を話したり書いたり、理解するときに、このルールに基づいて文を作ったり、この文はおかしいと判断したりしています。冒頭のエピソードにあった日本語を「おかしい」「誤りだ」とすぐに判断できたのは、普段、意識することはなくても、みなさんの中に日本語の文法が備わっているからです。では、日本語の文法とはどのようなものでしょうか。

1.1 「国語教育」と「日本語教育」は違う!?

　日本の学校では、どこの小・中学校でも「国語」の授業がありますが、「日本語」という名の授業を受けたという人はいないでしょう。エピソードに出てきたような例について考えた経験もほぼないのではないでしょうか。国語教育で扱われる**学校文法**は、日本語の母語話者を対象とし、もともと文語文法を念頭に、古典の解釈のために考えられたものであり、外国人が日本語を学ぶための文法とは性格が異なります。日本語教育は、日本語を系統立てて説明し、日本語を母語としない人が目標とする日本語レベルにまで到達できるよう指導することを目的としています。

　このように国語教育と日本語教育では、その目的が大きく異なります。当然のことながら、同じ文法であっても、説明のしかたはもちろん、用語自体から異なります。「**ナ形容詞**の例を1つ挙げてください」と言われたら、みなさんの中には「えっ、ナ形容詞って？」と答えに詰まる方もいるでしょう。ですが、「形容動詞の例を1つ挙げてください」と言われたら、「あっ、形容動詞ね。『便利だ』」のように、すぐに答えられるでしょう。前者の「ナ形容詞」が日本語教育、後者の「形容動詞」が国語教育の用語です。代表的なものを表1で見てみましょう。

表1　国語教育と日本語教育における用語（例）

国語教育	日本語教育	例
形容詞	イ形容詞	赤い、美しい
形容動詞	ナ形容詞	元気（だ）、派手（だ）
副助詞	とりたて助詞	こそ、だけ
五段動詞	Ⅰグループ（動詞）／u-verb／五段動詞／強変化動詞／consonant verb	書く、待つ
上一段動詞	Ⅱグループ（動詞）／ru-verb／一段動詞／弱変化動詞	見る、着る
下一段動詞	Ⅱグループ（動詞）／ru-verb／一段動詞／弱変化動詞	受ける、教える
カ変動詞	Ⅲグループ（動詞）、「来る」／irregular verb／不規則動詞	来る
サ変動詞	Ⅲグループ（動詞）、する動詞／irregular verb／不規則動詞	する、勉強する
終止形（・連体形）	辞書形	書く、食べる
連用形＋接続助詞「て」	テ形	書いて、食べて
連用形＋助動詞「た」	タ形	書いた、食べた
連用形	マス形語幹	書き、食べ
仮定形＋接続助詞「ば」	条件形	書けば、食べれば
可能動詞	可能形	書ける、食べられる

（山田, 2004, p.133をもとに作成）

　以下では、みなさんになじみの深い国語教育から離れて、**日本語教育のための文法**を考えていきます。

1.2　初級文法とは

　みなさんの外国語学習、例えば、英語を学習しはじめたころを思い出してください。最初に目にした英文は、「This is a hat.」や「I am Rin.」のようなbe動詞の文ですか。あるいは、「I have a book.」のような一般動詞の文でしょうか。いずれにしても最初は、このような単純な構造の文における基本的と思われる文法から学んだと思います。この点は、日本語教育の初学者も同じです。では、日本語の基本的な文法、言い換えるならば、**初級文法**とは

何でしょうか。実は、「初級文法」という明確で、確固たる枠組みがあるわけではありません。しかし、日本語教師に「初級文法とは何ですか」と尋ねると、おおよそ同じ答えが返ってきます。つまり、初級文法についての、一定の共通認識があるのです。そして、この共通認識の形成は日本語能力試験によるところが大きいと思われます。

　日本語能力試験は、日本語を母語としない人の日本語能力を測定し認定する試験として1984年以来実施されているものです。試験問題は、国際交流基金・日本国際教育協会が著作・編集の『**日本語能力試験　出題基準[改訂版]**』(1994年、以下『出題基準』)を参考に作成され、『出題基準』は一般にも販売されていました。そこで3級と4級に取り上げられている項目が、いわゆる初級文法として一定の理解を得ているものと考えられます。なお、日本語能力試験は2010年に新しく生まれ変わり、新試験に移行しました。移行後の新試験については、出題基準が公開されていません。ただし、同団体による『新しい「日本語能力試験」ガイドブック概要版と問題例集N4, N5』(2009年)では、過去の出題基準も手がかりになるとされています。そこで、出題基準のうち、初級とされる3級(新試験のN4)と4級(新試験のN5)の文型・文法事項リスト(『出題基準』pp.123-135)を参考に、初級文法とはどのようなものか、その一例を表にまとめました。

　次のページの表2を見ると、「ガ」「ヲ」のように、国語教育(学校文法)でも「文法」と呼ばれたものもあれば、「マセンカ」「コトガデキル」のように、「これも文法か？」と疑問に思うものもあるでしょう。先ほども述べたように、国語教育と日本語教育の目的は大きく違います。日本語教育は、学習者が日本語を用いてコミュニケーションができるようになることを第一の目的としています。実際に日本語が使えるようになるために、日本語を効率のよいまとまり(表現のかたまり)として取り上げ、教えています。日本語教育では、このまとまりを「文型」と呼んでいます。「マセンカ」「コトガデキル」は、日本語教育では「文型」と呼ばれるものですが、この章では、このような名称の細部にはこだわらずに、「文法」と呼ぶことにします。

　表2に挙げた、初級文法とされる個別の項目を見る前に、もう少し日本語の文法に関わる基本的な事項を確認しておきましょう。

表2　初級文法の一覧（例）

分類	項目	分類	項目
格助詞類	ガ、ヲ、ニ、デ、ヘ、ト、カラ、マデ、ヤ、ノ	「普通形」に接続する文法	カラ（：理由）、ソウダ（：伝聞）、シ、ハズダ・ヨウダ（ナ形容詞「ナ」、名詞「ノ」）、ノデス（ナ形容詞・名詞「ナ」）
副助詞類	ハ、モ、カ、ナド、クライ、ダケ、シカ、マデニ、バカリ、デモ		
接続助詞	テ、ナガラ、タリ、シ、ノデ、ノニ	「可能形」に関わる文法	レル、ラレル、ヨウニナル、ナクナル
終助詞	カ（：疑問）、ネ、ヨ、ワ、ノ（：疑問）、ナ（禁止）	「意志形」に関わる文法	ト思ウ、トスル、
		「使役形」に関わる文法	セル、サセル、（サ）セテイタダケマセンカ
並立（並列）助詞	トカ	「受身形」に関わる文法	レル、ラレル
「マス形語幹」に接続する文法	マセンカ、タイ、タガル、ソウダ（：様態）、ヤスイ、ニクイ、カタイ	授受	ヤル、テヤル、アゲル、テアゲル、モラウ、テモラウ、クレル、テクレル
「辞書形」に接続する文法	コトガデキル、コトニナル、ツモリダ	条件	ト、バ、タラ、ナラ、テモ
「テ形」に接続する文法	（テ）イル、（テ）アル、（テ）ミル、（テ）シマウ、（テ）オク、（テ）モイイ、（テ）ハイケナイ、（テ）クダサイ、（テ）カラ	命令	命令形（行ケ・見ロ・来イ・シロ）、ナサイ
		推量	ダロウ、ラシイ、カモシレナイ、ハズダ、ハズガナイ、ヨウダ
「タ形」に接続する文法	（タ）リ、（タ）ホウガイイ、（タ）コトガアル	理由	カラ、ノデ、タメニ（：原因）
		引用	ト思ウ、ト言ウ、ト聞ク
「ナイ形」に接続する文法	（ナイ）ホウガイイ、（ナイ）ツモリダ、（ナイ）ナケレバナラナイ、（ナイ）デクダサイ	敬語	尊敬語・謙譲語
		その他	タメニ（：目的）、トコロダ

1.3 品詞とは

　日本語の中にはさまざまな言葉がありますが、実は、言葉が持つ特性ごとに分類できます。例えば、独立して使うことができるかどうかで二分することが可能です。単独で使えるものが自立語、使えないものが付属語です。自立語の中にも、「行く」「行った」のように形が変化するもの（形の変化を**活用**（conjugation）といいます）と変化しない（活用のない）ものがあります。日本語の文について考えるとき、言葉の特性ごとに分類しておくと便利です。例えば、形態的特徴や文の中での働きという観点からグループ分けをしたのが品詞分類です。

　表3は、日本語教育で一般的に扱われる品詞の例です[1]。この表を見て、ずいぶん少ないなと感じたかもしれません。多くの品詞名を用いて教えるより、「～ことができる」のようなかたまりで提示することで、効率よく学んでもらおうという意図があります。

表3　日本語教育における一般的な品詞の例

品詞	例	品詞	例
名詞	私、パーティー、東京	助詞	は、が、を、に、で
動詞	行く、見る、する、来る	副詞	とても、もっと、もし、ゆっくり
イ形容詞	いい、短い、おもしろい		
ナ形容詞	元気な、大変な、便利な	疑問詞	いつ、どこ、誰、何

1.4 語順とは

　次に、日本語の**語順**について考えてみましょう。

　言語の語順を考える場合、主語（S）、目的語（O）、述語動詞（V）がどのような順序で並んでいるかが大切です。日本語は「私は車を買った。」「彼はテニスをする。」というように、主語（S）＋目的語（O）＋述語動詞（V）が基本語順となっている言語（SOV型の言語）です。一方、例えば、英語は「I bought a car.」「He plays tennis.」というように、S＋V＋Oが基本語順となっている言語（SVO型の言語）です。**言語類型論**（世界の言語を語順や**格**の表示

法などに注目して分類する研究)によると、SOV型とSVO型で世界の言語の約80%を占め、SOV型のほうが若干多いとされています。

　基本語順によって、文におけるその他の要素の並び方も異なります。修飾する語(修飾語)と修飾される語(被修飾語)の語順を例に見てみましょう。日本語は常に次のような語順です。

(1)　きれいな風景　(修飾語+被修飾語)
(2)　田舎の風景　(修飾句+被修飾語)

これは私たちにとっては当たり前のことかもしれませんが、英語の場合と比べてみると、決してそうはいえないことがわかります。

(3)　An interesting match「おもしろい試合」　(修飾語+被修飾語)
(4)　A match of the World Cup「ワールドカップの試合」
　　　　　　　　　　　　　　　　　　　　(被修飾語+修飾句)
(5)　A match which took place yesterday「昨日行われた試合」
　　　　　　　　　　　　　　　　　　　　(被修飾語+修飾節)

1.5　日本語のいろいろな文

最後に、日本語の文の種類について見ておきましょう。

(6)　雪が降った。　[動詞(述語)文]
(7)　頬が赤い。　[イ形容詞(述語)文]
(8)　交通が不便だ。　[ナ形容詞(述語)文]
(9)　彼は大学生だ。　[名詞(述語)文]
(10)　昼ごはんを食べながら、打ち合わせをした。

　文末にあって動作や性質、状態、変化などを述べる語を**述語**(predicate)といいますが、述語の種類によって、(6)〜(9)のような文があります。また、(10)の「昼ごはんを食べながら」「打ち合わせをした」はそれぞれ「節(clause)」

と呼ばれ、節は述語を1つ含みます。節が2つ以上から成る(10)のような文を**複文**(complex sentence)、(6)〜(9)のように1つの節から成る文を**単文**(simple sentence)と呼びます。さらに複文においては、特に主となる節を**主節**(main clause)、付属的な役割の節を**従属節**(dependent clause, subordinate clause)といいます。(10)の「打ち合わせをした」が主節、「昼ごはんを食べながら」が従属節です。

2　動詞の話

　みなさんは、国語の授業で勉強した活用表を覚えていますか。「未然形」「連用形」「終止形」のような分類を呪文のごとく暗記したのではないでしょうか。日本語の**動詞**はいろいろな形に変わります。では、どうして「行く」は「行かない」で、「見る」は「見かない」や「見らない」ではないのでしょうか。私たちは、「行く、行かない、行きます……」「見る、見ない、見ます……」という活用形そのもので迷うことはなく、これらの活用を普段何気なく行っていますが、学習者はそうはいきません。日本語教師は学習者に教えるべきルールの説明のしかたを知っていなければなりません。学びやすさの観点から編まれた日本語教育における動詞の捉え方を見ていきましょう。

2.1　動詞は3つのグループ

　日本語教育では、動詞を3つのグループに分けます。ここでは、代表的な「Ⅰグループ」「Ⅱグループ」「Ⅲグループ」という呼び方にします。

表4　日本語の動詞のグループ

グループ	例
Ⅰグループ	買う、立つ、帰る、飲む、遊ぶ、死ぬ、書く、泳ぐ、話す　など
Ⅱグループ	見る、食べる、調べる、考える、寝る、教える、覚える　など
Ⅲグループ	する、来る

この3つのグループに分けて考えると、活用のルールが説明しやすくなります。では、どうやって一つ一つの動詞のグループを見分けたらいいでしょうか。日本語教育では、動詞が辞書に載るときの形を「辞書形」(dictionary form) といいます。この辞書形をもとに、次のように段階を踏んで見ていくと、グループ分けをすることができます。

---

① 「する」「来る」 → 【Ⅲグループ】

② 「る」で終わる動詞のうち、「-iる」「-eる」 → 【Ⅱグループ】
　　例：見る (m<u>i</u>ru)、食べる (tab<u>e</u>ru)
　　※一部、Ⅰグループの動詞があるが、少ないので暗記する
　　　例：切る、知る、帰る、蹴る

③ 「る」で終わる動詞のうち、「-aる」「-uる」「-oる」 → 【Ⅰグループ】
　　例：わかる (wak<u>a</u>ru)、売る (<u>u</u>ru)、取る (t<u>o</u>ru)

④ 「る」以外で終わる動詞 → 【Ⅰグループ】

図1　動詞のグループの見分け方

2.2　動詞は活用する

　動詞のグループ分けとともに重要なのが活用です。そのルールを考えてみましょう。

　日本語の初級教科書には普通、動詞の活用表があります。表2でも一部紹介しましたが、日本語教育には「辞書形」(例：買う)、「マス形」(例：買います)、「テ形」(例：買って)、「タ形」(例：買った)、「ナイ形」(例：買わない)、「条件形」(例：買えば)、「意向形」(例：買おう) の7つの活用形があります[2]。図2は、最も難しいとされる「テ形」の作り方です。

　「テ形」を作るルールは、グループによって異なります。図2のように、中でもⅠグループが少し複雑です。

	「辞書形」	→	「テ形」	例
グループI	「う」 「つ」 「る」	→	「って」	会う → 会って 待つ → 待って 取る → 取って
	「む」 「ぶ」 「ぬ」	→	「んで」	飲む → 飲んで 遊ぶ → 遊んで 死ぬ → 死んで
	「く／ぐ」	→	「いて／いで」	書く → 書いて 急ぐ → 急いで (例外) 行く → 行って
	「す」	→	「して」	話す → 話して
II	「る」	→	「て」	見る → 見て
III	「する」 「来る」	→	「して」 「来て」	

図2 テ形の作り方

3　形容詞と名詞 (文) の話

1.5で、日本語の文にはいろいろな述語があることを示しました。ここでは、**形容詞**と**名詞(文)**について考えます。

3.1　形容詞の話
3.1.1　「イ形容詞」と「ナ形容詞」

学校文法の「形容詞」「**形容動詞**」は、日本語教育では一般的に「イ形容詞」「ナ形容詞」と呼ばれています。後ろに名詞が来る際に「い」で終わる (例：古い本)、「な」で終わる (例：静かな部屋) ことからです。どちらも活用しますが、活用のしかたが異なります。ですから、イ形容詞、ナ形容詞を一つ一つ勉強していく学習者は、両者を区別する必要があります。形容詞の中で、「-aい (例：速い)」「-iい (例：新しい)」「-uい (例：軽い)」「-oい (例：重い)」で終わる語

は、イ形容詞[3]、「-eい」で終わる語と「い」以外で終わる語は、ナ形容詞と一応区別するといいでしょう。

3.1.2 「いいじゃない」？「よくない」？ ―形容詞は活用する―

イ形容詞もナ形容詞も、物事の状態や性質、人の感情や感覚などを表し、意味的には共通していますが、前述のように活用のしかたが異なります。イ形容詞、ナ形容詞、それぞれの活用のしかたを見てみましょう（表6）。

表6　イ形容詞・ナ形容詞の活用

イ形容詞	
丁寧形	普通形
長いです	長い
長くありません／長くないです	長くない
長かったです	長かった
長くありませんでした／長くなかったです	長くなかった
	長くて
	長ければ
	長かったら

ナ形容詞	
丁寧形	普通形
元気です	元気だ
元気では(じゃ)ありません／元気では(じゃ)ないです	元気では(じゃ)ない
元気でした	元気だった
元気では(じゃ)ありませんでした／元気では(じゃ)なかったです	元気では(じゃ)なかった
	元気で
	元気なら
	元気だったら

イ形容詞は語尾が変化（活用）しますが、ナ形容詞はそれ自体は変化しません。ナ形容詞の活用の特徴としては、「(名詞) だ」と同じであることが挙げられます。

3.2 名詞 (文) の話
3.2.1 日本語の名詞の特徴って？

日本語の名詞には、英語の名詞のような複数形、ドイツ語やフランス語のような男性名詞・女性名詞といった区別はありません。一方で、「犬がいます。」「机があります。」のように存在について述べるときは、「犬」「机」という名詞が後ろの動詞「います」「あります」を決めます。ここでは、名詞 (文) の特徴を見てみましょう。

3.2.2 「私はワインです。」

日本語の教科書では早い段階で「［名詞］は［名詞］です。」という名詞文を導入します。これができれば、「私は［名前］です。」「私は［大学4年生］です。」といった自己紹介も可能になります。この一見単純に見える「X［名詞］はY［名詞］です。」ですが、よく見ると一様ではありません。

(11) あの人は山田さんです。
(12) 山田さんは教師です。
(13) (何を注文するか相談しているときに) 私はワインです。

XとYを入れ替えてみると、違いがよくわかります。(11) は「山田さんはあの人です。」となり、意味的に正しい文ですが、(12) は「教師は山田さんです。」となり、意味が異なります。(11) は、XがYと一致すること (「あの人」＝「山田さん」) を表し、一方 (12) は、XがYという属性 (性質や特性) を有していることを表します。(13) は「ワインは私です。」(「ワイン」≠「私」) となり、先の2つの文とは異なります。(13) は、「私はワインを注文します。」ということを意味しています。

4　助詞の話

　「父親」「息子」「ネクタイ」「プレゼントした」という日本語が順に並んでいるとします。みなさんなら、どのような文を思い浮かべますか。例えば、息子の就職が決まったのならば、「父親が息子にネクタイをプレゼントした。」、父の日ならば、「父親に息子がネクタイをプレゼントした。」でしょうか。**助詞**「が」「に」「を」が、その前に付く名詞の文中での意味（役割）を明示しています。このように助詞は、日本語の文において重要な要素といえますが、学習者にとっては習得しにくい、悩みの種の1つです。

　助詞の中でも、「が」「に」「を」のように名詞に付き、名詞と文中の他の語句との関係を表すものを特に、格助詞 (case particle) といいます。格助詞は、「が」「に」「を」以外に複数ありますし、用法も多岐に渡ります。ここでは助詞について、格助詞を例に考えましょう。表7に、日本語教育で教える主な格助詞を挙げます。

　学習者の「悩みの種」と言った理由が、表7から一見してわかるでしょう。1つの格助詞に複数の意味があるうえに、置き換えが可能だったり、意味に重なりがあるものが複数あります。

　格助詞を見てきましたが、助詞にはその他に、とりたて助詞 (focus particle, 例：は、も、ばかり)、並立（並列）助詞 (parallel particle, 例：と、や、とか)、終助詞 (sentence-final particle, 例：よ、ね、さ) などもあります。そして、実生活の日本語は、これらの助詞が合わさって成立していますから、格助詞のみならず、助詞全体が学習者の悩みどころとなるわけです。

表7 主な格助詞とその意味

格助詞	意味（用法）	例
が	1. 動作／状態の主体 2. 感情の対象	馬が走る／目が赤い 野球が好きだ
を	1. 対象 2. 通過する場所 3. 出どころ	テレビを見る 横断歩道を渡る 船が港を出発する
に	1. 存在の場所 2. 移動の着点 3. 受け手 4. 変化結果 5. 出どころ 6. 時刻	公園にベンチがある 東京に行く 母に花をあげる 信号が赤に変わる 友達に誕生日プレゼントをもらう 5時に起きる
へ	1. 移動の方向	東京へ行く
で	1. 動作の場所 2. 材料 3. 手段・道具 4. 原因・理由 5. 範囲	公園で野球をする 野菜でジュースを作る パソコンで書類を作る 大雪で電車が止まる 1日で仕事を終える
と	1. 共同動作の相手	田中さんと映画を見に行った
から	1. 起点 2. 材料 3. 変化前状態	船が港から出発する／家から駅まで歩く ワインはぶどうから作られる 信号が黄色から赤に変わる
より	1. 比較の対象 「から」1〜3の用法	東京は大阪より大きい
まで	1. 着点	家から駅まで歩く

（庵ほか（2000）、山田（2004）を参考に作成）

5　見方によって異なる表現の話

みなさんはスポーツをご覧になりますか。例えば、日本代表のサッカーの試合で、相手チームが日本選手からボールを奪ってシュートしてしまった場合、アナウンサーはどのように言うでしょうか。

(14) ボールを奪った！　そのままシュート！
(15) ボールが奪われた！　そのままシュート！

相手が日本からボールを奪ってシュートした場合には、(15) のように言うのではないでしょうか。しかし仮に、日本の選手が相手からボールを奪ってシュートした場合、日本を応援する立場としては (14) のような言い方をするでしょう。ボールを得てシュートするという出来事をどういう立場から捉えるか、つまり、見方によって言い方が異なるのです。ここでは、ある出来事が起きたとき、見方によって表現が異なってくることについて考えてみたいと思います。

5.1　「奪った」？　「奪われた」？　—受身の話—

日本代表のサッカーの試合では、相手チームが日本選手からボールを奪ってシュートした場合、実況するアナウンサーは (15)「ボールが奪われた！」と言うでしょう。これは、一般的に日本人は日本に帰属意識を持っていると考えられるため、日本代表選手の立場から出来事を捉えるのがふさわしいからです。この場合の (15) のような文を**受身文** (passive sentence) といい、これは出来事を、影響の受け手の立場から捉える場合に用いられます。通常、受身文は、他の言語と同様に他動詞[4]が多いです。

また、(16) のような受身文もあります。(16) を言った人 (発話者) は、遠足に行きたかったのでしょうか、行きたくなかったのでしょうか。

(16) 雨に降られて、遠足が中止になった。

みなさんおそらく、「行きたかった」と思いましたね。受身文ではない「雨が降って、遠足が中止になった。」は、事実をそのまま述べた文で、発話者の見方は示されていません。(16) の受身文は、同じ出来事を発話者の立場から捉えた文です。これは、「雨が降った」という出来事から発話者は影響を受け、「遠足が中止になる」という被害を被ったことを意味しています。「降る」は自動詞ですが、このような自動詞の受身文は日本語に特徴的なものです。

5.2　休んだのは誰？　―使役の話―

次の例について考えてみましょう。

(17) 監督は (無理矢理) 選手を休ませた。
(18) 選手が休んだ。

(17) も (18) も休んだのは選手です。ただし、(17) は、選手が休んだという出来事を引き起こした監督の立場から捉えた文、(18) は、出来事の単なる描写になっています。(17) のような文を**使役文** (causative sentence) といいます。使役文は、命令をする人 (使役者、(17) の「監督」) の立場から見た文で、動作主 (被使役者、(17) の「選手」) に影響を与えます。動作への影響にはいろいろな関与のしかたがあり、(17) のように強制する場合だけでなく、例えば、許可を与えるような場合 (19)、不注意により好ましくない行為を強いる場合 (20) もあります。

(19) (選手が希望するので) 監督は選手にプレーを続けさせた。
(20) 彼は、相手選手にけがをさせた。

なお、5.1の受身と5.2の使役を合わせて、文法カテゴリーとしては**ヴォイス**と呼ばれます。

5.3 「あげた」？ 「くれた」？ 「もらった」？ ―授受表現の話―

　これまで、同じ出来事を異なる立場から表現する形式を見てきました。これに類するもので、同じ事態を与え手の立場、受け手の立場から表現する代表的な形式に「あげる」「くれる」「もらう」があります。これらは、「やる」「さしあげる」「くださる」「いただく」も含めて**授受動詞** (giving and receiving verbs) といわれます。授受動詞を用いる表現（**授受表現**）には、物の授受を表す場合と動作の授受を表す場合があります。まず、物の授受を見てみましょう。

　　(21) 田中さんが太郎くんに自転車を<u>あげた</u>。
　　(22) 田中さんが太郎に自転車を<u>くれた</u>。
　　(23) 太郎くんが田中さんに自転車を<u>もらった</u>。

　(21)～(23) は、「自転車が田中さんから太郎 (くん) に移動した」という同じ出来事を表す文です。ただし、(21) は自転車の与え手である田中さん側からの文、(22)(23) は自転車の受け手である太郎くん側からの文になっています。そして、(22)(23) には、(22) は主語が田中さん、(23) は主語が太郎くんという違いがあります[5]。また、(21)(23) では「太郎くん」であるのに対し、(22) では「太郎」と異なっていることにも気がつくでしょう。

　まず、「あげる」「くれる」の使い分けには、図3のようなルールがあります。このルールを (21)(22) で確認してみましょう。与え手が主語になっている文の場合（(21)(22)）、その文の話し手から見てウチからソトへ物が移動するときには、「あげる」を使います（(21)）。逆に、ソトからウチへ物が移動するときには、「くれる」を使います（(22)）。(21)(22) のように第三者間の授受の場合、通常は「あげる」を使い、「くれる」を使うと、「(受け手) に」で示される人は話し手にとって身近な者 (ウチの者) という意味になります。(22) で「太郎くん」ではなく「太郎」となっているのは、そのためです。そして、残る「もらう」ですが、(23) のように、受け手を主語として受け手の側から表現するのが「もらう」です。(21)～(23) をまとめると、図4のようになります。

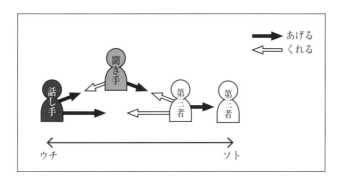

図3　物の授受「あげる」「くれる」のルール (庵ほか, 2000, p.107)

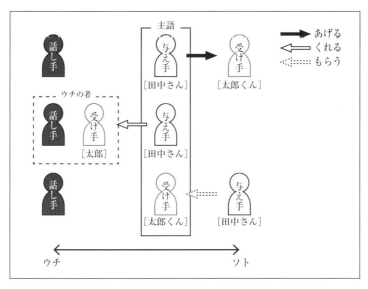

図4　例文 (21) 〜 (23)の図解

　このように授受表現では、「あげる」「もらう」「くれる」を使い分けることで、与え手と受け手のどちらの立場から表現するかを選ぶことができます。ただし、上で見たように使い分けが複雑で、学習者にとっては習得が難しい表現となっています。
　次に、動作の授受も簡単に見ておきましょう。例えば、あなたは引っ越し

をしたとします。新居で、友達が荷解きをしたり、掃除をしたりしました。あなたは友達に感謝の念が湧きますね。そのようなとき、新居での出来事をどう表現するでしょうか。

(24) 私は友達に引っ越しを<u>手伝ってもらった</u>。
(主題：私、手伝う人：友達、うれしい人：私)
(25) 友達が (私のために) 引っ越しを<u>手伝ってくれた</u>。
(主語：友達、手伝う人：友達、うれしい人：私)

上のように「～てもらう」「～てくれる」を用いると、「手伝う」という動作に伴う感謝の気持ちの移動を表すことができます。日本語教育で扱う代表的な形としては、この他に、「～てあげる」があります。動作の授受は、移動の方向性の明示がポイントですが、物の授受とは感謝の気持ちを示すことができる点が大きな違いです。また、もう1つの特徴は形です。(24)「手伝ってもらった」のように、「もらう」「くれる」「あげる」の前に付く動詞は「テ形」になります。

6　時間を表す表現の話

多くの人が英語の授業で、「do」「did」「will do」といった語句や「現在形」「過去形」「未来形」といった言葉を耳にしたことと思います。では、日本語にも現在形、過去形、未来形があるのでしょうか。日本語の場合は、英語とは少し事情が異なります。

それについて考える前に、用語を確認しておきたいと思います。出来事について話すとき、その出来事と発話時の時間的前後関係を示す文法カテゴリーを**テンス** (**tense**, **時制**) といいます。テンスの問題を考える際、文末で使われる述語のうち「～た」で終わるものを「タ形」と呼びます。タ形以外のものを「ル形」と呼びます。日本語のテンスはル形とタ形の使い分けになります。

6.1　テンスって何？

　日本語のテンスはどのようなものか、述語が動詞の場合で考えてみましょう。次の例を見てください。

(26) おいしいラーメンを食べた。
(27) (昨日の17時ごろには)駅にいた。

これらのタ形は、述語で表される出来事がこの文の発話時より前、つまり過去に起きたことを示しています。一方、次のル形の文はどうでしょうか。

(28) おいしいラーメンを食べる。
(29) (今／明日の17時ごろには)駅にいる。

(28)は未来のことを表しているのに対して、(29)は現在と未来のことを表します。このように、日本語のル形には英語の現在形、未来形というような形の上での区別がありません。ル形の文では、述語に用いられる動詞の種類(タイプ)によって現在や未来を表すものがあります。(28)の「食べる」や「走る」「作る」といった動作動詞のル形は未来を表し、現在を表しません。現在を表すためには「食べている」というように「～ている」の形にします。(29)の「いる」や「ある」といった存在を表す状態動詞のル形は現在と未来を表します。このように日本語のテンスは、タ形が常に過去を表すのに対し、ル形が未来を表すのか現在を表すのかは、動詞のタイプを考えなくてはなりません。なお、ル形でも、「いつも食べる」「よくいる」といったように、習慣や恒常性を表す用法では、動詞のタイプによる違いはなくなります。

6.2　アスペクトって何？

　6.1で出来事と発話時の時間的前後関係を表すテンスについて見ましたが、次に、出来事がその展開においてどの段階にあるかを表す文法カテゴリー**アスペクト** (**aspect**, 相) について考えてみましょう。先ほどの(28)「食べる」について、現在を表すためには「食べている」という形にしなければならな

いと言いました。テンスが出来事と発話時の時間関係を表すのに対し、アスペクトは出来事のどの段階にあるかを表します。「食べる」を例にすると、開始直前を表す「食べるところ」、進行中を表す「食べている」、完了を表す「食べたばかり」というように、出来事には複数の段階があり、それによって表現が異なります。このような出来事の段階に関わる表現がアスペクトです。ここでは、アスペクトの代表的な形「～ている」を見てみましょう。

 (30) 先輩は今、学生食堂でお昼を食べ<u>ている</u>。
 (31) 競技場の照明がつい<u>ている</u>。
 (32) 毎朝、犬の散歩に行っ<u>ている</u>。

「～ている」の代表的な用法の1つは、(30)のような「動作の進行」です。(30)は発話時点において、先輩が食事中であることを表しています。このような動作の進行になるのは、基本的に「動作動詞＋ている」の場合です。もう1つの用法は、(31)のような「変化の結果の残存」です。(31)は発話時以前に点灯した照明、その点灯した状態が発話時も残っていることを表しています。このときに使われるのは、基本的には「変化動詞＋ている」です。「変化動詞」とは、(31)の「つく」の他、「死ぬ」「割れる」「起きる」「着る」のような、状態が変わることを表す動詞です。このように、「ている」の前に付く動詞の種類（タイプ）によって表している状況が違います。なお、「動作動詞＋ている」には、(32)のように、くり返しを表す表現（「毎朝」「いつも」など）や期間を表す表現（「学生のとき」「一人暮らしをする前」など）と一緒に用いて、「習慣」を表す用法もあります。

7　話し手の気持ちを表す表現の話

 ここまでは、出来事の内容を伝えるための文法について考えてきました。ここからは、話し手の気持ちを表す表現を見ていきたいと思います。

7.1 「と思う」？ 「かもしれない」？ —モダリティの話—

　文には、その文で述べる内容があります。これを命題 (proposition, コトガラ) といいます。それとは別に、話し手がその命題に対してどういう認識をしているかを表す部分があります。それを**モダリティ** (**modality**) といいます。つまり文は、命題とモダリティという2つの部分から成っています。命題が、述べる出来事についての客観的な内容を表すものであるのに対し、モダリティは話し手の主観的な捉え方を表すものです。モダリティ表現を用いた次の例を見てください。

　　(33) 車の下に猫がいる。
　　(34) 車の下に猫がいる<u>だろう</u>。
　　(35) 車の下に猫がいる<u>はずだ</u>。

　(33) の文は、「車の下に猫がいる」という確かな事実を述べている文です。この文は動詞に特別な形式は付加されていませんが、ル形だけを用いることで断定を示しています。(34) は「だろう」を付加することで推測して述べ、(35) は「はずだ」を付加することで確信を持った推測を述べています。このように、3つの文はいずれも「車の下に猫がいる」という命題について述べたものですが、(34)(35) のように、文末に「だろう」「はずだ」というモダリティ表現を用いることで、話し手の命題に対する異なった捉え方を伝えているのです。
　モダリティ表現は、判断に関わるもの以外にも、願望や意志、依頼や命令、義務、勧めなどを表すものがあります。例として (36) を見てみましょう。母親がケーキを作っているところに子どもが帰宅した際の会話です。

　　(36) 子：ケーキ（↑？）　　［(上昇イントネーションで) 疑問］
　　　　 母：うん、もう少しでできる<u>よ</u>。　［発話・伝達］
　　　　 子：おいし<u>そう</u>。食べ<u>たい</u>。　［(証拠性) 判断］［願望］
　　　　 母：じゃ、手を洗い<u>なさい</u>。　［命令］

　(36) では、すべての文末にモダリティ表現が見られます。ここでは一つ一

つを確認しませんが、「ケーキ」「できる」「おいしい」「食べる」「洗う」を命題（内容）として、それぞれ［　］のモダリティが加わっています。

7.2　「いらっしゃる」？　「参る」？　―敬語の話―

　「敬語」と聞けば、何のことかイメージできるでしょう。みなさんは学校文法で「**尊敬語**」「**謙譲語**」「**丁寧語**」という3種類[(6)]の敬語を習ったと思います。日々、家族や親しい友達としか話さない人は稀でしょうから、敬語の大切さは、日本語を母語とするみなさんならば実感していることでしょう。日本語は、敬語が発達した言語だといわれます。それは、語彙レベルの敬語のみならず、文法レベルの体系があるためです。3種類の敬語のうち、丁寧語は話し方や書き方を丁寧にする表現で、「です」「ます」によって表されます。これを日本語教育では、「**丁寧体**（です／ます）」とし、「**普通体**（だ／である）」とセットにして文体として扱います。よってここでは、「尊敬語」「謙譲語」「**特別敬語**」という、教える便宜上の日本語教育の区分に従って、敬語を簡単に見てみましょう。

　　(37) 先生は帰られました／お帰りになりました。
　　(38) 私は研究室の前で先生をお待ちしました。
　　(39) 先生は研究室にいらっしゃいます。
　　(40) 私は先生からのメールを拝見しました。

　(37) は尊敬語を、(38) は謙譲語を用いた例です。まず (37) は、「帰る」という動作を行った「先生」を高めることで、先生に対する敬意を表しています。一方 (38) は、「先生」に関わる動作（待つこと）を行った「私」を低めることで、相対的に動作の受け手である「先生」を高め、敬意を表しています。つまり、尊敬語の文は動作を行った人に対して敬意を表し、謙譲語の文は動作の受け手に対して敬意を表すという違いがあります。
　次に、尊敬語と謙譲語の作り方について見てみましょう。尊敬語には2つの規則的な形があります。1つめは、「Ⅰグループの動詞のナイ形語幹＋れる（例：帰ら＋れる）」「Ⅱグループの動詞のナイ形語幹＋られる（例：食べ＋ら

れる)」「来る→来られる」「する→される」です。2つめは、「お＋マス形語幹＋になる（例：お＋帰り＋になる）」の形です[7]。一方、謙譲語は「お＋マス形語幹＋する（例：お＋持ち＋する）」の形です。

表9　尊敬語と謙譲語の作り方

尊敬語	謙譲語
（Ⅰグループ）ナイ形語幹＋れる	お＋マス形語幹＋する
（Ⅱグループ）ナイ形語幹＋られる	
（Ⅲグループ）「来られる」「される」	
お＋マス形語幹＋になる	

ただし、上記の規則には合わない、不規則な形の尊敬語、謙譲語を持つ語があります。(39) の尊敬語「いらっしゃる」、(40) の謙譲語「拝見する」がその例です。日本語教育では、このような語を不規則な形を特別敬語（表10）としてまとめ、学習者に覚えるように指導します。

表10　主な特別敬語の例

動詞	尊敬語	謙譲語
行く・来る	いらっしゃる	参る
いる	いらっしゃる	おる
言う	おっしゃる	申す／申し上げる
食べる・飲む	召し上がる	いただく
見る	ご覧になる	拝見する
する	なさる	いたす
知っている	ご存知だ	存じている
寝る	お休みになる	
着る	お召しになる	
死ぬ	お亡くなりになる	
くれる	くださる	
あげる		さしあげる
もらう		いただく

複雑な体系を持つ敬語は、日本語母語話者にも誤った使用が見られるぐらいですから、学習者が苦労するのは想像に難くありません。教科書では、初級後半の学習項目となることが多く、中級以降もくり返しの学習が必要とされます。

8　最近の流れ

　20世紀前半に編まれ、日本語文法の基礎を築いた文法書の数々を開くと、分析や解説には個人の言語感覚（内省）によって頭の中で作られた文（作例）が使われています。文法について考えることは、内省なしには行えません。しかし、内省は大切ですが、同時に、実際の使用例を見るということも欠かせません。近年、日本語の大規模なコーパス（corpus）が整備され、公開されるようになりました。コーパスとは、言語研究に役立つようにとの意図をもって、事前にその構成をデザインしたうえで集められた、大規模な書きことば・話しことばの電子テキストの集合体をいいます。

　日本語の大規模コーパスとしては、国立国語研究所[8]による『日本語話し言葉コーパス（CSJ）』や『現代日本語書き言葉均衡コーパス（BCCWJ）』が挙げられます。『CSJ』は、日本語の自発音声のデータを大量に収集したものです。『BCCWJ』は、現代日本語の書きことばの全体像を把握するために構築されたコーパスで、書籍、雑誌、新聞、白書、ブログ、ネット掲示板、教科書、法律などのジャンルにまたがった1億430万語のデータを集めたものです。このような大規模なコーパスの整備は、豊富な用例を観察すること、日本語の使用実態を精密に分析・記述することを可能にしました。近年は、このコーパスの膨大な用例を利用・分析した日本語の文法研究も増えています。

> 〈グループワーク1〉
>
> 動詞の活用形で、「飲める」「食べられる」のような「可能(形)」といわれるものがあります。「可能形」の作り方について、例を挙げて、動詞のグループごとに説明してください。

> 〈グループワーク2〉
>
> モダリティの1つとして、「みたいだ」があります。「みたいだ」の使い方を、例を挙げて説明してください。

[注]
(1) 教科書によっては、「イ形容詞」は「i-adjective」と呼ばれています。「ナ形容詞」も、「na-adjective」「na-nominal」と呼ばれることがあります。
(2) 教科書によっては、活用表に「可能形」「受身形」「使役形」「使役受身形」を載せる場合がありますが、これは厳密には、活用形としては扱われないものです。また、活用形の名称にも違いがあります。辞書形は先ほどの「dictionary form」の他にも「Vdic.」、マス形は「masu-form」「Vmasu」、テ形は「te-form」「Vte」、ナイ形は「nai-form」「Vnai」、条件形は「バ形」「ba-form」「conditional」「Vba」、意向形は「意志形」「volitional」「ウ・ヨウ形」などと呼ぶ場合もあります。なお、初級で用いられる教科書を見るとわかるように、初級の最初は「マス形」で導入することが多いです。これは、「書きます/書きません/書きました/書きませんでした」といったように、動詞の形を変えることなく一通り使えるため、また、コミュニケーション上の配慮から、「です/ます」体(丁寧体)の基をなすのが「マス形」であるため、などの理由があります。
(3) 一般的に初級で扱われる「きらい」「心配」は、例外としてナ形容詞です。
(4) 動詞の分類の1つとして、自動詞と他動詞の区分があります。自動詞は、「(動作主)ガ、(対象)ヲ〜」の文が不可能な動詞、他動詞は可能な動詞です。
(5) ここでは、学校文法でもなじみのある「主語」という用語で説明しました。日本語を理解する際の主要な見方に、文法関係と格関係があります。文を構成する要素がどのような構造的働きをするかに注目したものが文法関係であり、名詞や代名詞にどの格助詞が付くかという点から見たものが格関係です。例えば(22)を、この2つの見方から整理すると(i)のようになります。

(i) 文法関係と格関係

(22)の文	田中さんが	太郎に	自転車を	くれた
文法関係	主語	(間接)目的語	(直接)目的語	述語
格関係	主格(ガ格)	与格(ニ格)	目的格(ヲ格)	

格関係は、名詞や代名詞に関わるものですから、動詞には該当しません。また、主格（ガ格）は常に主語に、目的格（ヲ格）は常に目的語にあたるわけではありません。下の (ii) では、「太郎についていえば」という主題を表す係助詞「は」が用いられており、目的語には主格（ガ格）が用いられています。

  (ii) 太郎は自転車が欲しかった。

このように、主格（ガ格）や目的格（ヲ格）といった名詞句が、文の中でどのような働きを担うかは文ごとに決まります。ただし、(22) に見られる「～が ～に ～を［授受動詞］」や、例えば、「～が［自動詞］」「～が ～を［他動詞］」といったように、述語である動詞の特徴によって、格の組み合わせには一定のパターンが認められます。そのため、日本語を理解する際には、格関係の把握も有効な手がかりの1つとなります。

(6) 教科書によっては、「お茶」や「ご家族」といった「お／ご＋［名詞］」の形をとるものを「美化語」として含め、4種類の敬語を提示する場合もあります。なお2007年、国語の改善や普及に努める機関である文化審議会国語分科会は、敬語を理解しやすくするために「敬語の指針」を示し、5種類に分類しました。この分類では、謙譲語と丁寧語がそれぞれ2種に細分されています。

(7) 例外があるので注意が必要です。「できる」「わかる」に「ナイ形＋れる／られる」の形はなく、Ⅲグループの動詞と「マス形」が1音節の動詞（「いる」「見る」など）には、「お～になる」の形はありません。

(8) 「国立国語研究所」は略称で、正式名称は「大学共同利用機関法人人間文化研究機構国立国語研究所」です。

[参考文献]

庵功雄・高梨信乃・中西久実子・山田敏弘・松岡弘（監修）(2000).『初級を教える人のための日本語文法ハンドブック』スリーエーネットワーク.

庵功雄 (2001).『新しい日本語入門―ことばのしくみを考える―』スリーエーネットワーク.

国際交流基金・日本国際教育協会 (1994).『日本語能力試験　出題基準［改訂版］』凡人社.

小林ミナ (2005).『NAFL日本語教師養成プログラム 11　日本語の文法　応用』アルク.

田野村忠温 (2011).「コーパス言語学の新たな展開」『日本語学』30(14), pp.95-104. 明治書院.

張麟声 (2001).『日本語教育のための誤用分析―中国語話者の母語干渉20例―』スリーエーネットワーク.

角田太作 (2009).『世界の言語と日本語　改訂版―言語類型論から見た日本語―』くろしお出版.

ハント蔭山裕子 (2004).「第3章日本語の文法」『新・はじめての日本語教育Ⅰ―日本語教育の基礎知識―』pp.45-116. アスク出版.

藤原雅憲 (1999).『よくわかる文法』アルク.

森山卓郎 (2000).『ここからはじまる日本語文法』ひつじ書房.
山田敏弘 (2004).『国語教師が知っておきたい日本語文法』くろしお出版.

[参考ウェブサイト]
国立国語研究所「コーパス開発センター　現代日本語書き言葉均衡コーパス」
　　　<http://www.ninjal.ac.jp/corpus_center/bccwj/>（2017年3月21日閲覧）
国立国語研究所「コーパス開発センター　日本語話し言葉コーパス」
　　　<http://www.ninjal.ac.jp/corpus_center/csj/>（2017年3月21日閲覧）

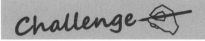

[解答はp.185]

問　「昨日、新しい服を買いました。今、<u>着って</u>いる服です。」という「テ形」の誤用 (下線部) があります。学習者はなぜこのような間違いをしたのでしょうか。その背景を300字程度で説明してください。

第5章 日本語の文字・表記

カナダにホームステイしていたときのことです。日本文化の紹介ということで、ホストファミリーの名前を書道で書くことになりました。ホストファザーの名前は「ベン」。漢字で書いてほしいと言うので、私は考えて、「勉」という字を選びました。意味を説明すると、とても気に入った様子でした。「ベン」と読む漢字は他にもあり、「介」でも「便」でもよかったはずです。しかし、私が「勉」を選んだのは、意味がいいと思ったからです。これがもし、カタカナやひらがなで書いてほしいというリクエストだったら、どの文字にするかなど迷わないでしょう。漢字には、文字ごとに意味がありますが、ひらがなやカタカナやアルファベットにはないのです。この出来事は私に漢字のおもしろさを感じさせてくれました。

名前というのはどの人にとっても特別なものです。日本語を学ぶ場合、日本語での表記や発音は気になるものでしょう。例えば、「金さん」は「キンさん」「キムさん」のどちらでしょうか。前者が中国語の名前、後者が韓国語の名前です。中国語名の場合、学習機関によって、日本語読みにしたり、中国語での発音に近い音をカタカナで当てたりしています。例えば、前者なら「王（おう）さん」、後者なら「王（ワン）さん」という具合です。NHKの放送用語委員会は、放送では、中国語名は漢字の日本語読み、韓国語名は原語の読みに近い音で読むと定めています。しかし、日本語読みにした場合、学習者はしばらく自分の名前の読みに慣れず、呼ばれても気がつかないことがあります。

表記に関する決まりはいろいろあります。外国の地名の場合はどうでしょうか。新聞で「米」と見ると、私たちはアメリカのことだとわかります。なぜこのような使い方をするようになったのでしょうか。実は、

このように漢字一文字で表される国はあまり多くなく、それは新聞協会で定められているのです。
　一方、日本の地名や駅名の表示には、たいてい漢字、ひらがな、ローマ字での表記があるようです。しかし、よく見ると、例えば、同じ「ん」でも、「仙台」の「ん」と「難波」の「ん」はローマ字の表記が違います。「仙台」は「Sendai」、「難波」は「Namba」です。実は、「ん」のローマ字表記は後ろに来る音によって異なっており、それを定める「鉄道掲示規定」という規則があるのです。
　ところで、あるとき教え子の日本語学習者に駅名について、質問を受けました。「この電車にずっと乗って行くとオゾンですか」。その電車の終点は、名古屋市の「大曽根（おおぞね）」です。ローマ字で書くと「Ozone」ですから、つい「オゾン」と読みたくなるのもわかりますね。

1　日本語の文字

1.1　日本語の表記、何が難しい？

　日本語を学ぶ外国人にとって、日本語の文字表記の難しいところはどこでしょうか。日本語の教科書にありそうな例を見てみましょう。

　　佐藤（さとう）：こんにちは。私（わたし）は佐藤（さとう）です。
　　キム：はじめまして。キムです。学生（がくせい）です。

　文法はとても易しいですが、文字表記の点で見ると、学習者がつまずきそうな点がいくつか含まれています。
　まず気がつくのが、**漢字**、**ひらがな**、**カタカナ**が混在する文であることです。これを**漢字かな交じり文**といいます。学習者は日本語を学ぶ際、この3種類の文字を覚えていくことになります。
　さらに、それぞれの文字の性格は少し違います。漢字はそれ自体が意味を持つ文字です。一方、ひらがなとカタカナは文字自体に意味はなく、音のみを表します。
　初級の場合、多くの本は漢字に振り仮名が振ってあります。振り仮名という存在も初めて目にする学習者は多いことでしょう。
　また、文字が正しく読めたとしても、聞こえる音と書いてある文字が異なる場合があります。例えば、「こんにちは」「私は」の「は」、と「はじめまして」の「は」の読み方が違います。また、「佐藤」という名前に含まれる「とう」は、実際には「とお」と前のかなの母音をのばすかたちで発音しますし、「学生」の「生（せい）」も実際には「せえ」と前のかなの母音をのばすかたちで発音します。学習者にもそのように聞こえるでしょう。それでもこのように表記すると決まっています。
　以上のように、普段私たちが目にする日本語の文には、日本語の文字表記のさまざまな特徴があることがわかります。

1.2 文字の分類

上で述べたように、日本語の文字には3種類あります。そのうち、漢字は意味を表す文字で、**表意文字**といいます。一方、ひらがなとカタカナは音を表す文字で、これを**表音文字**といいます。表音文字をさらに細かく分類すると、音節（第2巻第2章参照）を表す音節文字と、音節を構成する音素を表す単音文字（音素文字）に分けられます。この分類に則ると、ひらがなとカタカナは音節文字です。アルファベットは単音文字に当たります。

実際には、漢字が常に意味のみを表すわけではなく、2.2で説明する「形声文字」のように、音を表している場合もあります。そのため、「漢字はそれぞれ中国語の語に対応している」と解釈し、表意文字ではなく表語文字と呼ぶ人もいます。

2 漢字の種類って？

2.1 漢字はいつからあるの？

最も古い漢字は殷の時代（紀元前11世紀頃まで）の遺跡から発見されたといわれています。亀の甲や動物の骨に刻まれていたため、**甲骨文字**と呼ばれます。殷の終わりから周の時代には青銅器に彫られた文字が見つかり、これは**金文**と呼ばれています。金文は使用の期間が長く、目的もさまざまで、文章を成すものも見つかっています。その後、秦の時代に、それまでの古文を整理し、**篆書**が完成しました。しかし、画数が多く、不便だったため、それを簡素化した**隷書**が考案され、普及しました。現在私たちが使っているのは**楷書**と呼ばれるもので、隷書の字体をはっきりさせ、毛筆に合う形に変えたものです。これは唐の時代から使われています。

2.2 漢字にもグループがあるの？

漢字は中国の**許慎**が「説文解字」という著書に記した「**六書**」の考え方に基づいて分類することができます。その名のとおり、下記の6種類に分かれています。

① **象形文字**：目に見える物の形をかたどって作られた漢字
　　　　　（例）　山、川、口

② **指事文字**：目に見えない抽象的な概念を記号のように表した漢字
　　　　　（例）　上、下、一、二

③ **会意文字**：意味を基準にして、複数の漢字を組み合わせて作られた漢字
　　　　　（例）　林：木が並んでいるので林
　　　　　　　　　男：田で力仕事をするので男

④ **形声文字**：意味を表す部分と音を表す部分が合わさってできている漢字。このとき意味を表す部分を**意符**、音を表す部分を**音符**という
　　　　　（例）　草：くさかんむりは意味、「早」は音を表す

⑤ **転注文字**：もともと存在する漢字が、意味の連想によって広く解釈されるようになったもの
　　　　　（例）　楽：本来音楽の意味を持つ漢字が、「音楽は楽しい」という連想から「たのしい」という読みを持つようになった

⑥ **仮借文字**（かしゃ）：すでにある漢字に、音が似ているという理由で新しい概念を当てはめたもので、当て字の一種
　　　　　（例）　亜米利加でアメリカと読ませる（そこから転じて現在は「米」のみでアメリカを指すこともある）

このうち、象形文字、指事文字、会意文字、形声文字は漢字の成り立ちに

よる分類、転注文字、仮借文字は漢字の使い方による分類です。

2.3 漢字に共通する部分って？

漢字を構成する基本的な要素に**部首**があります。部首は200以上の種類があるといわれていますが、漢字のどの部分にあるかで大きく7つに分類されます。これを覚えていると漢和辞典を引くときや字形を伝えて漢字を特定するときに役立ちます。例えば、「私の名前の漢字はつちへんに『反対』の「反」で『坂』です」のような具合です。

① **へん**：漢字の左の部分
にんべん（亻）、さんずい（氵）、てへん（扌）、
りっしんべん（忄）など
② **つくり**：漢字の右の部分
りっとう（刂）、おおざと（阝）、あくび（欠）、
おおがい（頁）など
③ **かんむり**：漢字の上の部分
なべぶた（亠）、うかんむり（宀）、くさかんむり（艹）など
④ **あし**：漢字の下の部分
ひとあし（儿）、したごころ（㣺）、れんが（灬）など
⑤ **かまえ**：漢字の周りを囲んでいる部分
くにがまえ（囗）、もんがまえ（門）など
⑥ **たれ**：漢字の上から左へ曲がる部分
がんだれ（厂）、まだれ（广）、やまいだれ（疒）など
⑦ **にょう**：漢字の左から下へ曲がる部分
しんにょう（辶）、いんにょう（廴）など

2.4 漢字はすべて中国で作られたの？

実は、日本語の漢字はすべて中国で作られたわけではありません。多くありませんが、日本でできた漢字もあり、それらは**国字**または、**和製漢字**と呼ばれます。国字のほとんどは会意文字つまり、意味をもとにして、漢字を組

み合わせて作られています。また、訓読みのみで音読みのないものが大部分です。畑、峠、鰯、躾、働（音読みあり）などが代表的です。これらができた背景に思いを巡らせるのもおもしろいものです。

2.5 漢字の読みは難しい

2.5.1 漢字の読み方はどうしていくつもあるの？

漢字の読み方は1つにつき1種類ではありません。音読み、訓読みだけでなく、「梅雨」と書いて「つゆ」と読むようなものも存在します。

音読みはもともと中国で使われていた読みを日本式に変えたもので、多くの場合、2字以上の熟語を構成する字として使われる際の読み方です。**訓読み**は日本語で読んだもので、1字でも意味がわかる場合が多くあります。例えば、「林」は音読み「リン」のみで使われることはありませんが、訓読み「はやし」は単独でも意味がわかります。

また、音読み、訓読みもそれぞれ1つずつとはかぎりません。音読みがいくつもあるのは、中国語がもとになっているといっても、その"中国語"の出所が複数あるからです。このうち5、6世紀に呉地方から伝わった音（例：「行」をギョウと読む）を**呉音**、呉より北の地域から伝わった音（例：「行」をコウと読む）を**漢音**、鎌倉時代以降に伝わった音（例：「行」をアンと読む）を**唐音**といいます。唐音には特殊な読みのものが多いのが特徴です。

一方、訓読みが複数ある場合はどうでしょう。例えば、「生」には「いきる」「うまれる」「はえる」「なま」などの読みがあります。これはこの漢字が日本で使われるようになってから意味の範囲が広がり、認知されるようになった結果です。

2.5.2 熟語の場合の音読み、訓読みはどうなる？

漢字が2字以上組み合わさっている熟語の場合は、すべて音読み、すべて訓読み、のように読み方がそろっているのが一般的です。例えば、「足跡」は、「足」を「あし」と読んだ場合、「跡」は「セキ」ではなく「あと」と読み、どちらも訓読みになります。一方、「足」を「ソク」と読めば、「跡」は「セキ」と、どちらも音読みするのが自然です。

第5章　日本語の文字・表記

ただし、音読みと訓読みを混ぜた変則的な読みも存在します。例えば、「重箱」は「ジュウ (音読み)」と「ばこ (訓読み)」の組み合わせです。これは**重箱読み**と呼ばれており、「台所 (ダイどころ)」「本屋 (ホンや)」「役場 (ヤクば)」などがこれに当たります。一方、「湯桶」のように「ゆ (訓読み)」と「トウ (音読み)」のような組み合わせは**湯桶読み**といわれます。「雨具 (あまグ)」「手帳 (てチョウ)」「夕刊 (ゆうカン)」などがこれに当たります。

2.5.3 「梅 (つ)」「雨 (ゆ)」で「梅雨 (つゆ)」？

「梅雨」は、「梅」を「つ」、「雨」を「ゆ」と読んでいるのでしょうか。私たちが使う言葉の中には、この「梅雨」の例のように、学ばないと読めない熟語があります。このような特別な読みを**熟字訓**といい、この場合、「梅雨」全体に漢字を当てはめているため、「つ」「ゆ」と音を分けることはできません。「昨日」「今日」「下手」「大人」などがこれに当たり、常用漢字表 (2.8に詳細) では付表に記載されています。

2.5.4 「あつい」は「熱い」？ 「暑い」？ 「厚い」？

ここまで述べたように、日本語では1つの漢字がいくつもの読みを持っています。また、そもそも日本語には母音が5つしかなく、母音と子音の組み合わせの種類が少ないため、読みがどうしても他の漢字と同じになる可能性が高くなります。このような理由で、同じ発音の語にいくつもの漢字が存在する場合があります。例えば、「あつい」は意味の違いによって「熱い」「暑い」「厚い」などの漢字が使われます。この例は訓読みなので、これらは**同訓異字** (または**異字同訓**) と呼ばれます。音読みの場合も同じで、例えば、「かん心 (しん)」の「かん」に入る「関」「感」「歓」は**同音異字** (または、**異字同音**) と呼ばれます。

2.6 「行う」「行なう」はどちらも正しい？

漢字の読み間違いを防ぐため、日本語の漢字には、ひらがなが後ろに添えられます。このひらがなを送り仮名といいます。**送り仮名**は1973年の内閣告示「送り仮名の付け方」によって定められています。それによると、動詞、

形容詞の送り仮名は「活用する部分（活用語尾）から」を書き、名詞には送り仮名を付けず、副詞や接続詞は最後の音節を送るというのが原則です。例えば、動詞「よむ（読む）」の場合、「よむ」「よまない」「よんだ」のように、「よ」より後ろの部分は形が変わる（活用する）ため、そこからを送り仮名とします。ただし、送り仮名を付ける際の「活用する部分（活用語尾）」とは古典文法をもとにした学校文法に則っているので、例えば、古典において「食ぶ」であった「食べる」は、「べる」が活用語尾と見なされています。そのため、現在では活用しても変化しない「べ」から送られています。また、副詞や接続詞の場合、「必ず」「更に」「及び」「但し」のように最後の音節が送り仮名とされます。

　ただし、これらはあくまで基本的なルールで、実際には、さまざまな例外が存在します。例えば、動詞「動かす」の場合、「うごか」は活用しないのですが、「か」からが送り仮名です。これは、「動く」のようなある動詞から派生している動詞は、もとの動詞の活用語尾（この場合は「か」）から送るという例外のルールがあるためです。送り仮名にはこのような例外が多いため、告示には基本のルール以外の細かい分類が記されています。

　また、一方で、この規則に沿わないものが「許容」とされている例もあります。1973年告示の「送り仮名の付け方」はそもそも1959年に告示された同規定を改訂したものです。改訂の際に新しく許容を設けたもの（例：「生まれる」に対する許容「生れる」）、許容の幅を広げたもの（例：「売り上げ」に対する許容「売上げ」「売上」）、新しい形を新規定の本則とし、旧規定の本則を許容としたもの（例：「表す」に対する「表わす」）などがありました。これらは、慣例的に用いられてきた表記が認められたり、読み間違いの恐れがないために許容されたりした例だと思われます。そのため、現在使われている表記の中には、送り仮名の表記が必ずしも1種類でない場合もあるのです。タイトルにある「行う」と「行なう」の場合、「行う」が現行の内閣告示の定める表記です。一方、「行なう」は、改訂前の表記で、現在の表記の許容とされるものです。

2.7 振り仮名の位置はどこ？

多くの日本語の教科書は、漢字かな交じり文で書かれていますが、学習者が日本語学習を始めたばかりだと、漢字を読むことが困難なので、漢字のそばにひらがなで読み方が書かれています。これを**振り仮名**、または、**ルビ**といいます。たいていの場合、学習が進むと振り仮名の割合は減っていきます。

では、横書きの教科書では、振り仮名はどの位置にあるでしょうか。

(A) 今日(きょう)はいい天気(てんき)ですね。
(B) 今日(きょう)はいい天気(てんき)ですね。

私たちにとって違和感がないのは (A) ではないでしょうか。しかし、日本語の教科書の中にはあえて (B) を採用しているものもあります。その効果として、例えば、手や紙で振り仮名を隠せば、漢字の読みの練習をしながら下に読み進めていけることが挙げられます。

2.8 常用漢字って何？
2.8.1 漢字が多すぎる！

単純に漢字の数を数えると5万にものぼるといわれています。中国から伝わったものだけでなく、先に触れたように国字も存在し、音訓の読み方も複雑です。そのため、学習が困難であるとして、明治時代になると、漢字の使用をやめよう、または、使用を制限し、学習を効率化しようという立場の人たちが現れました。前島密は「漢字御廃止之儀」という建白書で、漢字表記を止めて仮名表記にし、話しことばに沿った表記をすべきだと訴えました。また、福沢諭吉は『文字之教』で、漢字の数は 2,000〜3,000で十分であると述べ、使用する漢字の制限を訴えました。

2.8.2 私たちが使っている漢字はいくつ？

このような流れがあって、1946年、国語政策として「当用漢字表」が告示されました。これは私たちが日常的に使用してもよい漢字1,850字を選定したものでした。その後、これが改められたのが1981年に告示された「**常

用漢字表」です。当用漢字表が私たちの使用する漢字の範囲を定め、制限したのに対し、常用漢字表は「前書き」で、この表があくまで使用の目安であること、専門分野、固有名詞、その他種々の事情の下では使用を拘束するものではないと述べています。2010年には、さらに改訂が加えられています。常用漢字表は「本表」と「付表」からなっており、現在、本表には2,136字の常用漢字とその用例が記載されています。付表には、2.5.3で触れた熟字訓や当て字が110字載っています。この熟字訓を**表外音訓**といいます。

なお、私たちが名前に使う漢字はこれとは別に戸籍法により、「人名用漢字別表」で定められています。2010年現在、命名の際には、常用漢字2,136字に加え、人名用漢字861字を使うことができます。

2.8.3　私たちが習ってきた漢字は？

学校教育では、上の常用漢字表を学年ごとに分けて学習します。その振り分けが記されているのが「学年別漢字配当表」です。では、この2,136字はどのように分けられているのでしょうか。実は、この漢字配当表の対象は小学校6年生の漢字までで、1,006字なのです。残りの約1,000字は中学校で学ぶことになりますが、中学校以降は学年による振り分けはなく、3年間で網羅すること、という大まかな指針になっています。つまり、使用する教科書によって学ぶ順序が異なるのです。

2.8.4　どうして「改ざん」「ねつ造」のように書くの？

このような表記を見たことがありませんか。「改竄」の「竄」や「捏造」の「捏」が常用漢字でないというのがその理由ですが、2.8.2で述べたように、常用漢字表自体はそこにない漢字を使ってはいけないという拘束力を持つものではありません。ただ、公用文の場合、そのような漢字の表記をどうするか、国や自治体が定めています。国の場合は各行政機関が「公用文における漢字使用等について」などの文書を公開しています。

そもそも公用文は、明治維新のころまでは漢文で書かれ、誰でも簡単に読めるものではありませんでした。それが、1952年内閣告示の「公用文作成の要領」で、私たちが日常的に使う平易な文体で書く動きが広まりました。

これにより漢文が「である体」になり、横書きが一般化しました。さらに、難解な用語や常用漢字表に含まれない漢字を含む語句も日常的なものに変えるよう示されています。例えば、「稟議(りんぎ)」は「申請」、「懇請」は「お願いする」となっています。「公用文作成の要領」には同時に、「他によい言いかえがなく、また言いかえをしてふつごうなものは、常用漢字表にはずれた漢字だけをかな書きにする」（「公用文作成の要領〔公用文改善の趣旨徹底について〕」昭和27年4月4日）という文言があります。それにより、「改竄」は「改ざん」と表記されるようになったのです。

　一方、新聞の場合には、「新聞常用漢字表」という基準を日本新聞協会がまとめています。こちらも常用漢字表にほぼ即しているため、同様の表記になります。

2.9　漢字を使う国はどこ？

　日本語教育では、「**漢字圏**」「**非漢字圏**」という分類をよくします。「漢字圏」と聞いて思い浮かぶのはまず中国、そして、日本でしょう。しかし、日本だけでなく韓国、北朝鮮、ベトナムも中国の漢字の影響を受けた国です。日本を含むこれらの国々を漢字文化圏と呼びます。中国で現在使用されているのは、簡略化された「**簡体字**」と呼ばれる漢字です。一方、台湾、香港、マカオなどの地域では、簡略化していない「**繁体字**」が使用されています。韓国、北朝鮮で使われるのも繁体字です。表記の例を見てみましょう。

　　簡体字：对、广、过
　　繁体字：對、廣、過

　しかし、韓国、北朝鮮ではハングルを使うことが多く、ベトナムもアルファベット表記が主で、漢字はほとんど使われていません。現在公用語で漢字を使用しているのは中国、台湾と日本だけです。

3 ひらがな、カタカナの表記にルールはあるの？

3.1 ひらがなはいつからあるの？

　ひらがなが成立したのは平安時代ですから、1,500年以上の歴史を持つことになります。日本人は文字を持っていなかったため、当時の文章は漢文で書かれるのが基本でしたが、やがて漢字で日本語を書き表すようになりました。例えば、「いろは」を「伊呂波」と当てはめる表記です。「万葉集」に多く使われていることから、この表記を万葉仮名 (真仮名) といいます。この万葉仮名がやがて草書化、簡略化されて、音を表すひらがなができました。男性は漢字、女性はひらがなを用いて書くことが多かったため、ひらがなは「**女手**」と呼ばれることもあります。

図1　ひらがなの成立例

　鎌倉時代になると、現在のように漢字、ひらがな、カタカナを織り交ぜた和漢混交文が使用されるようになりました。1946年内閣告示の**「現代かなづかい」**(4.参照) が定められた際、「わ、ゐ、う、ゑ、を」の「ゐ」「ゑ」は「い」「え」にそれぞれ置き換えられ、使用されなくなりました。

3.2 カタカナはいつからあるの？

　一方、カタカナも平安時代に成立しました。もともとは、仏典や漢文の読みを記すために使われていたため、漢字の一部をとって簡略した文字になっています。「現代かなづかい」告示の際、カタカナのワ行に含まれていた「ヰ」「ヱ」も、「イ」「エ」にそれぞれ置き換えられ、使用されなくなりました。また、「を」にあたる「ヲ」も、文字としては存在しますが、ほとんど使われません。

図2　カタカナの成立例

現在カタカナは、外来語や外国の地名、人名の表記、各種専門用語や学術用語、擬音語、擬態語、擬声語などに使われています。

3.3　ひらがな、カタカナの表記のルールは？
3.3.1　誰が決めたルール？

かなの表記に使われる文字は1986年告示の**「現代仮名遣い」**によって下の表のように決められています。この表はひらがなですが、カタカナの場合も基本的に同じです。「現代仮名遣い」では、清音、「゛(濁点)」が付く濁音、「゜(**半濁点**)」が付く半濁音、拗音(「きゃ」「きゅ」「きょ」など)が表で示され、別途、撥音、促音についての説明も記されています。このうち、1文字で表される拗音以外の音(例えば、「あ」「が」「ぱ」)を**直音**といいます。また、長音について、3.3.2のような決まりが記されています。

表1　五十音図表

あ	い	う	え	お										
か	き	く	け	こ	が	ぎ	ぐ	げ	ご	きゃ	きゅ	きょ	ぎゃ	ぎゅ	ぎょ
さ	し	す	せ	そ	ざ	じ	ず	ぜ	ぞ	しゃ	しゅ	しょ	じゃ	じゅ	じょ
た	ち	つ	て	と	だ	ぢ	づ	で	ど	ちゃ	ちゅ	ちょ	ぢゃ	ぢゅ	ぢょ
な	に	ぬ	ね	の							にゃ	にゅ	にょ		
は	ひ	ふ	へ	ほ	ば	び	ぶ	べ	ぼ	ひゃ	ひゅ	ひょ	びゃ	びゅ	びょ
					ぱ	ぴ	ぷ	ぺ	ぽ				ぴゃ	ぴゅ	ぴょ
ま	み	む	め	も							みゃ	みゅ	みょ		
や		ゆ		よ										
ら	り	る	れ	ろ							りゃ	りゅ	りょ		
わ				を										
ん														

3.3.2 長音の表記

　長く伸ばす音を長音といいます。「おか<u>あ</u>さん」「おいし<u>い</u>」「こ<u>う</u>つう」「コ<u>ー</u>ヒ<u>ー</u>」などに含まれ、カタカナの場合は、前に来る音にかかわらず、「ー」で表記します。この「ー」を長音符号といいます。**長音符号**は、縦書きの場合「｜」となります。一方、ひらがなの長音には、長音の前に来る音がどの列かによって、次のような決まりがあります。

　　① 　ア列…ア列の仮名に「あ」を添える。
　　　　　　（例）　おか<u>あ</u>さん、おば<u>あ</u>さん
　　② 　イ列…イ列の仮名に「い」を添える。
　　　　　　（例）　おに<u>い</u>さん、おじ<u>い</u>さん
　　③ 　ウ列　ウ列の仮名に「う」を添える。
　　　　　　（例）　く<u>う</u>き、ちゅ<u>う</u>もん
　　④ 　エ列…エ列の仮名に「え」を添える。
　　　　　　（例）　おね<u>え</u>さん、え<u>え</u>（応答）
　　⑤ 　オ列…オ列の仮名に「う」を添える。
　　　　　　（例）　おと<u>う</u>さん、おはよ<u>う</u>

　オ列以外は、基本的に前の音の母音を引き継いで、それを続けます。
　この決まりを見て、おかしいと思った方がいるかもしれません。「とけ<u>い</u>」「お<u>お</u>きい」は間違った表記なのでしょうか。実は、これには例外があり、特例として下の決まりが付け加えられているのです。

　　① 　オ列の長音のうち、歴史的仮名遣い（4.1参照）で「ほ」「を」を用いていた音は「お」を添える。
　　　　　　（例）　こおり、とおる、おおい、おおきい、おおむね
　　② 　エ列の長音のうち、次の例は「い」を添える（主に漢字が起源の音）。
　　　　　　（例）　かれい、せい、えいが、とけい、ていねい、へい、めい

いずれの例も、日本語学習者はもちろん、現代の日本語母語話者も発音を聞いただけでは判断がつかず、例外として表記を覚える必要があります。

4 そもそも「現代仮名遣い」は何のために作られたの？

4.1 昔の「わかった」は「わかつた」だった？

単語ごとの表記だけでなく、文章や会話になった場合の表記についても、内閣の告示によってさまざまな変遷がなされてきました。現在用いられている文法や表記のルールは、1986年に告示された「現代仮名遣い」に即しています。これは、1946年の告示「現代かなづかい」を発展させ、私たちが日常的に使用している口語を書き表すための指針を定めたものでした。

一方、私たちが古典として学んできた文法や表記を「**歴史的仮名遣い**」といいます。これは平安中期ごろまでの万葉仮名の文献に基づくものです。1946年に「現代かなづかい」が告示されるまでは、一般的に用いられてきました。見出しにある「わかつた」ですが、「現代仮名遣い」には、「促音にもちいる『つ』はなるべく小書きにする」との記載があります。これによって、このような表記はされなくなったのです。

4.2 「現代仮名遣い」で何が変わったの？

現代仮名遣いのコンセプトは、私たちが話している音に従って書き表すことです。それによって定められた直音、拗音、撥音、促音、長音の表記については、3.3で述べたとおりで、基本的に実際の発音に沿っています。

ただし、慣習的に用いられてきた表記がある場合には特例としてこれを認めています。以下は、慣習を尊重して定められた例、つまり、そのように書かれてきたが、表記と発音が一致しない例です。

①助詞「を」「は」「へ」

助詞の「を」「は」「へ」は、[o] [wa] [e] と発音しますが、このように表記します。ただし、終助詞の場合は「わ」と表記します。

（例）私は学生です。（とりたて助詞）
　　　　　　私は行きたくないわ。／泣くわ、わめくわ（終助詞）

② 「ぢ」と「づ」
　「ぢ」「づ」は、もともとは「じ」「ず」とは異なる発音でしたが、現代では、同じ発音です。そのため、発音に合わせて基本的に「じ」「ず」で表記することになっています。ただ、次の場合は例外的に「ぢ」「づ」を用います。

　(1)　同音が続くことによって生じた「ぢ」「づ」
　　　　（例）ちぢむ、ちぢこまる、つづく、つづら
　　　ただし、「いちじく」「いちじるしい」は同音の連呼と見なされません。

　(2)　2語が結合した結果生じた「ぢ」「づ」
　　　　（例）鼻血（はなぢ）、身近（みぢか）、三日月（みかづき）、
　　　　　　小遣い（こづかい）

　しかしながら、もともとは2語が結合してできていても、分解しにくい語の場合は、「じ」「ず」で表記するのを基本とします。例えば、「世界中（せかいじゅう）」「稲妻（いなずま）」「融通（ゆうずう）」などです。また、「地震（じしん）」のように、音読み自体がもともと濁音であるものは、「じ」「ず」を用います。
　この紛らわしい「じ、ず、ぢ、づ」の4つを**四つ仮名**と呼びます。

③ **動詞の「言う」**
　実際には「ゆう」のように発音していますが、「いう」と表記します。
　その他、3.2.5「現代仮名遣い」による長音の例外として述べた表記法も慣習を尊重して定められている例です。

4.3　仮名だけの文は読みにくい

「ここではきものをぬいでください」。脱ぐのは「履き物」でしょうか。それとも、「着物」でしょうか。ひらがなだけの文は語や音節の区切りがわかりにくく、意味を誤解しやすくなります。日本語教育では、初級の本は表記が仮名のみの場合がありますが、その多くは、「わたしは　インドから　きました」のように語や文節ごとにスペースを入れて表記しています。この表記を**分かち書き**といいます。通常の漢字かな交じり文の場合は、文字の種類や句読点から語、文節の区切りがわかるので、スペースを入れませんが、日本語の教科書の場合は、漢字かな交じり文であっても、学習者の理解のために、分かち書きをすることがあります。また、英語や中国語などの外国語は多くの場合、分かち書きをします。5.で述べるローマ字で書かれた文も同様です。

5　ローマ字って日本語なの？

5.1　ローマ字はいつからあるの？

ローマ字も私たちにとって身近な文字ですが、いつから使われているのでしょうか。日本でローマ字を広めたのはイエズス会です。つまり、もともとは戦国時代に日本でキリスト教を布教する目的で作られたものだったのです。日本語をポルトガル語に準じた表記にするために使われたのが始まりです。「ローマ字」という名称は、文字自体がローマ帝国で作られたものであることから来ています。その後、鎖国の影響で蘭学が盛んになるにつれて、ローマ字を学ぶ蘭学者が増えていきました。

5.2　ローマ字は3種類ある！

その後、明治時代に来日していたアメリカ人医師ヘボン (Hepburn) がローマ字で引く和英辞書を作成し、それが日本のローマ字支持者に採用されました。この辞書で使用されたローマ字を「**ヘボン式**」と呼びます。ヘボン式は、英語に近い音をその英語表記で表す特徴があります。例えば、「シ」は「shi」、「あっち」は「atchi」などです。

一方、ヘボン式ローマ字は英語に準拠した部分が多いために、これに反対する立場もありました。1885年に田中館愛橘が日本語の音韻学に即して提唱したのが「**日本式**」です。この2つの混在を統一するため、政府は1937年に公的なローマ字表記を定めました。これを「**訓令式**」と呼びます。訓令式は日本式を基本としており、ヘボン式を排除したものになっています。

5.3 どの表記が正しいの？

この3種類のローマ字は、次のような点で異なっています。

①**直音**

ヘボン、日本、訓令式いずれも大部分の表記は共通していますが、下記の行の表記が異なっています。

サ行:	ヘボン	sa	shi	su	se	so	sha	shu	sho
	日本、訓令	sa	si	su	se	so	sya	syu	syo
タ行:	ヘボン	ta	chi	tsu	te	to	cha	chu	cho
	日本、訓令	ta	ti	tu	te	to	tya	tyu	tyo
ザ行:	ヘボン	za	ji	zu	ze	zo	ja	ju	jo
	日本、訓令	za	zi	zu	ze	zo	zya	zyu	zyo
ダ行:	ヘボン	da	ji	zu	de	do	ja	ju	jo
	日本、訓令	da	di	du	de	do	dya	dyu	dyo
ハ行:	ヘボン	ha	hi	fu	he	ho			
	日本、訓令	ha	hi	hu	he	ho			
ワ行:	ヘボン	wa	i	u	e	o			
	日本	wa	wi	u	we	wo			
	訓令	wa	i	u	e	o			

第5章 日本語の文字・表記

②撥音

ヘボン、訓令、日本式すべて「n」と記します（例：かんじ　kanji）。ただし、ヘボン式では、「b」「p」「m」の前のみ「m」と記します（例：かんぱい　kampai）。

③促音

ヘボン、訓令、日本式すべて後の子音字をくり返します（例：さっき　sakki、よかった　yokatta）。ただし、ヘボン式では、ヘボン式における「ch」に前の促音が来たときは、「t」を加えて表記します（例：あっち　atchi）。

④長音

ヘボン式は長音となる母音の上に「¯」をつけます（例：Tōkyō）。日本式、訓令式は母音の上に「^」をつけます（例：Tôkyô）。実際には、どちらにも該当しない「Tokyo」や「Satoh（佐藤）」なども使われています。

1954年、**「ローマ字のつづり方」**が内閣告示されましたが、訓令式に限定するものではなく、ヘボン式や日本式の表記でも、差し支えないとする内容でした。また、外務省の定める旅券申請の人名綴りはヘボン式を採用しています。そのため、日本語におけるローマ字の表記は統一されていないのが現状です（第1巻第4章参照）。

6　英語話者なら外来語は易しい？

6.1　「たばこ」は外来語だから「タバコ」と書くべき？

日本語学習者が苦労する表記の1つに外来語の表記があります。外来語については、1991年の内閣告示**「外来語の表記」**で表記が整備されており、原音になるべく近い音で書き表すことになっていますが、次のような語は例外です。

① 国語化の程度が高い語（たばこ、かっぱ、きせる　など）
② 慣用が定まっている語（ラジオ、オーバー、ナイフ　など）

①の「国語化の程度が高い語」とは、日本語に溶け込んでおり、外来語としてあまり認識されていない語を指します。告示では、①はひらがなで書き表すことができると述べています。②は伝わった時代が古く、表記が固定化しているものです。例えば、「ラジオ」は、原語の発音に近づけて「ラディオ」「レディオ」とすることは通常ほとんどありません。告示は、「慣用が定まっているものはそれによる」としており、これらを無理に変えようとはしていません。

6.2　「バイオリン」？　「ヴァイオリン」？

外来語の表記に用いるカタカナは次のページの表2のとおりです。

第2表にあるものは、さらに原音や原語の表記に近づけようとする場合に用いる表記で、その必要がなければ一般的に第1表の表記を用います。つまり、「慣用が定着している場合には、それを用い、それ以外の場合は基本的に第1表、より原語に忠実に表記したい場合には第2表も用いてよい」という考え方です。よって、タイトルの「バイオリン」「ヴァイオリン」は、どちらも正しいのです。

表2 外来語の表記(「外来語の表記」1991年6月28日内閣告示)

【第1表】

ア	イ	ウ	エ	オ			シェ	
カ	キ	ク	ケ	コ			チェ	
サ	シ	ス	セ	ソ	ツァ		ツェ	ツォ
タ	チ	ツ	テ	ト		ティ		
ナ	ニ	ヌ	ネ	ノ	ファ	フィ	フェ	フォ
ハ	ヒ	フ	ヘ	ホ			ジェ	
マ	ミ	ム	メ	モ		ディ		
ヤ		ユ		ヨ		デュ		
ラ	リ	ル	レ	ロ				
ワ								
ガ	ギ	グ	ゲ	ゴ				
ザ	ジ	ズ	ゼ	ゾ				
ダ			デ	ド				
バ	ビ	ブ	ベ	ボ				
パ	ピ	プ	ペ	ポ				

【第2表】

			イェ	
	ウィ		ウェ	ウォ
クァ	クィ		クェ	クォ
	ツィ			
		トゥ		
グァ				
		ドゥ		
ヴァ	ヴィ	ヴ	ヴェ	ヴォ
		テュ		
		フュ		
		ヴュ		

キャ		キュ		キョ
シャ		シュ		ショ
チャ		チュ		チョ
ニャ		ニュ		ニョ
ヒャ		ヒュ		ヒョ
ミャ		ミュ		ミョ
リャ		リュ		リョ
ギャ		ギュ		ギョ
ジャ		ジュ		ジョ
ビャ		ビュ		ビョ
ピャ		ピュ		ピョ

ン(撥音)
ッ(促音)
ー(長音符号)

> 〈グループワーク１〉
>
> 　ニュースや日常会話で耳にする外来語は年々増えているように感じます。例えば、「リスペクトする」「コンテンツ」「スルーする」などは、数年前まで日常的には用いられなかったのではないでしょうか。
>
> 　①最近初めて耳にした外来語は何か
> 　②どんな分野の言葉か
> 　③何がきっかけで使われるようになったのか
> 　④日本語での置き換えはできないか
>
> 　これらについて、まず書き出してみましょう。それから、グループで意見、情報交換をしてください。

7　日本語教育では、どうやって文字や表記を教えるの？

7.1　どうやって文字を覚えるの？

　日本語教育での文字教育は、学習者のニーズや学習予定期間などに応じてさまざまです。場合によっては優先順位が低くなることもあります。学習者はひらがな、カタカナを約50ずつ、上級まで学習を進めると漢字も2,000字近く覚えることになります。まずは文字と音を結びつけ、文字の判別ができることが日本語の文字習得の第一歩といえるでしょう。

　日本語教育では、五十音表や文字カードを使いながら学習するのが一般的です。五十音表はただ読むだけでなく、例えば、教師が「あ」を指して、学習者が「あ行」を言うという練習もできます。このような練習をしておくと、活用の学習をするときに役に立ちます。文字カードは、例えば、教師が言った文字を選んだり、裏にローマ字が書いてあれば、裏返して読み方を確認したりといった使い方ができます。文字に慣れてきたら、次に、単語単位での読み、書きを身につけていきます。文字学習は単調になりがちなので、かるたのようにカードを選んだり、ローマ字とひらがなのペアや、ひらがなとカタカナのペア、学習が進んだら漢字のへんとつくりのペアを探すゲームにし

たりするなど、学習者が飽きない工夫が必要です。

　仮名、漢字には、書き順があります。指導する際は、学習者に厳密に守らせないまでも、線を上から下に、左から右に書くという基本的な書き方は学ばせる必要があるでしょう。そうでないと、「す」を下から書き始める学習者もいます。この流れに慣れるために、空書という練習があります。空中に指で字をなぞる方法です。クラスで一斉に行うと、他と違う動きをしている学習者を教師が見つけやすいというメリットもあります。

　漢字学習では、文字一つ一つに意味があること、読み方が１つでないこと、へんとつくりがあることなどを教えていかなければなりません。本章の2.で学んだ漢字のグループごとに成り立ちを紹介すると、覚えやすくなります。また、学習が少し進んだら、町で見かける標識や看板の漢字を集める活動も楽しいです。さらに、中級程度になると、複雑な漢字が多くなるため、意味を確認しながら熟語を同時に学んだり、複数の読み方を確認したりしながら学習を進める必要があります。このころになると、大抵の学習者は自分なりの学び方を身につけています。

> 〈グループワーク２〉
>
> 【何で学ぶ？　教える？】
> 　どのような場合に下のような文字の学習順序が有効でしょうか。目的とメリットを考えてみましょう。また、デメリットはあるでしょうか。
>
> 　A．ひらがな、カタカナ、漢字の順に学ぶ
> 　B．カタカナ、ひらがな、漢字の順に学ぶ
> 　C．日本語の文字は学ばずに、ローマ字のみで日本語を学ぶ

7.2　「教科書体」って何のこと？

　皆さんは普段、目にする本の書体を気にしたことがありますか。書体というと、2.1で出てきたような草書や楷書をイメージするかもしれませんが、印刷した文字の様式のことも書体といいます。例えば、明朝体、ゴシック体などです。日本語の教科書は、初級の場合、特に、教科書体という書体で書

かれていることが多いです。教科書体は実際の筆記に最も近いとされており、日本の小学校の教科書もこれを採用しています。明朝体で書かれた本を見て、文字を覚えた日本語学習者は、「さ」を「さ」（2画めと3画めがつながっている）、「北」を「北」（2画めの縦線が下まで伸びている）のように書くかもしれません。日本語教師の立場としては、ただ教科書体以外で書かれている教科書をよくない、とするのではなく、書体の違いを理解し、学習者にどのように説明し、指導するかを考えておくことが重要です。

　ちなみに、「常用漢字表」は明朝体で表記されており、明朝体と筆写との違いや、例えば、「MS明朝」と「ヒラギノ明朝」のように、同じ「明朝」とされる書体でも、字形に多少違いが生じることについて触れていますが、それらは字体の差ではなく、「習慣の相違」「デザイン差」であるとされています。

7.3　日本語教育とローマ字の関係は？

　ここまでひらがな、カタカナ、漢字の学習について述べましたが、本章の5.で確認したローマ字は、日本語教育とどのように関わってくるのでしょうか。日本語学習者の中には、文字の習得を重視していない人もいます。また、生活や仕事のために、とにかくまずは話せることが求められるなど、諸事情によって文字学習の優先順位が低い場合もあります。そのようなケースでは、ローマ字表記の教科書が用いられます。ヘボン式か、訓令式・日本式かは本によって異なりますが、下のようなメリット、デメリットがあると考えられます。これらを理解し、学習者に合ったローマ字を使用することが望ましいです。

　　日本式・訓令式：
　　子音の表記が固定しているため、活用の表記が見やすい（例：立つ
　　…ta<u>t</u>anai ta<u>t</u>imasu ta<u>t</u>u）。ただし、「ti」「tu」など、英語をイメージしてしまうと、表記から連想される音と実際の音が異なる場合があるので、注意が必要。

ヘボン式：
英語に近い音をその英語表記で表すため、英語母語話者にとっては特に親しみやすい。ただし、同じ行でも子音の表記が異なる場合があるため、活用の表記が整わない（例：立つ…ta<u>t</u>anai ta<u>chi</u>masu ta<u>tsu</u>）。

8　最近の流れ

　学習者の中には、日本語能力試験を目標に学習している人も少なくありません。日本語能力試験は2010年から新試験に改められ、認定の基準や構成が大幅に変わりました。2009年までの旧試験では、1級は2,000字、2級は1,000字と認定の基準が明確にされていましたが、新試験では、「論理的にやや複雑な文章が理解できる」「新聞や雑誌の記事・解説が理解できる」というように、具体的な出題範囲ではなく、課題遂行の能力を測る表現に変わっています。実際の試験内容はというと、漢字の読みを直接問う問題は6問から12問程度の出題です。しかし、すべてのレベルにおいて、読解や文法などの試験問題に含まれる漢字には、基本的に振り仮名がないため、試験全体をとおして文字の理解度を見るということでしょう。

　一方、常用漢字表も2010年に改められました。1981年の告示から200字ほどの漢字が追加され、5字が削除されました。「阪、熊、阜」など、都道府県名に含まれる漢字が、公共性が高いとして多く認定されています。一方、削除されたのは「錘（すい）」「匁（もんめ）」など、今では使われない単位を表す漢字などです。ことばは時々刻々と変化していくものですから、常用漢字表だけでなく、仮名遣いや外来語に関する指針も、今後も変更される可能性があります。

　日本語教育の現場では、その変化にともなって、使用する本や指導法、ひいては、カリキュラム自体が大きく変わっていくことも考えられます。何より大切なのは、私たち教師が常にアンテナを張り、このような変化に敏感であることです。そして、学習者に最新の情報を適切に伝えていくことが肝心です。

[参考文献]

青山豊・青山美佳 (2010). 『新試験対応日本語能力試験N3予想問題集』国書刊行会.

国際交流基金 (2011). 『国際交流基金　日本語教授法シリーズ第3巻　文字・語彙を教える』pp.2-32. ひつじ書房.

国際交流基金・日本国際教育支援協会 (2009). 『新しい「日本語能力試験」ガイドブック』pp.18-33. 凡人社.

椎名和男・野沢素子・森田良行・佐治圭三・中村明・加藤彰彦・杉戸清樹・吉田金彦・仁田義雄 (1989). 『日本語概説』おうふう.

髙木裕子 (1996). 『日本語教師トレーニングマニュアル⑥　日本の文字・表記入門』pp.2-100. バベルプレス.

高見澤孟・伊藤博文・ハント蔭山裕子・池田悠子・西川寿美 (1997). 『はじめての日本語教育　基本用語事典』pp130-140, pp223-242. 凡人社.

藤堂明保・松本明・竹田晃・加納喜光 (1988). 『漢字源』学習研究社.

名柄迪 (監修)・鈴木順子・石田敏子 (1988). 『外国人のための日本語例文・問題シリーズ11　表記法』pp.1-52. 荒竹出版.

日本エディタースクール (2005). 『日本語表記ルールブック　第2版』pp.15-41. 日本エディタースクール.

日本国際教育支援協会 (2014). 『平成25年度日本語教育能力検定試験試験問題』凡人社.

日本国際教育支援協会・国際交流基金 (2009). 『平成21年度第1回日本語能力試験1・2級試験問題と正解』凡人社.

日本放送協会 (1987). 『NHK放送のことばハンドブック』pp.73-74. 日本放送出版協会.

[参考資料]

文化庁「送り仮名の付け方」（1973年6月18日、2010年11月30日）
　　<http://www.bunka.go.jp/kokugo_nihongo/sisaku/joho/joho/kijun/naikaku/okurikana/>（2017年3月31日閲覧）

文化庁「外来語の表記」（1991年6月28日）
　　<http://www.bunka.go.jp/kokugo_nihongo/sisaku/joho/joho/kijun/naikaku/gairai/>（2017年3月31日閲覧）

文化庁「現代仮名遣い」（1986年7月1日）
　　<http://www.bunka.go.jp/kokugo_nihongo/sisaku/joho/joho/kijun/naikaku/gendaikana/>（2017年3月31日閲覧）

文化庁「公用文作成の要領〔公用文改善の趣旨徹底について〕」（1952年4月4日）
　　<http://www.bunka.go.jp/seisaku/bunkashingikai/kokugo/kento/kento_03/

pdf/sanko_2.pdf>（2017年3月31日閲覧）

文化庁「常用漢字表」（2010年11月30日）
 <http://www.bunka.go.jp/kokugo_nihongo/sisaku/joho/joho/kijun/naikaku/kanji/>（2017年3月31日閲覧）

文化庁「ローマ字のつづり方」（1954年12月9日）
 <http://www.bunka.go.jp/kokugo_nihongo/sisaku/joho/joho/kijun/naikaku/roma/>（2017年3月31日閲覧）

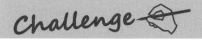

[解答はp.185]

問 次の問いに答えてください。

① 漢字の成り立ちについて、性質の異なるものを1つ選んでください。
　1　火　　2　大　　3　力　　4　休　　5　木

② 漢字の読みについて、性質の異なるものを1つ選んでください。
　1　生物　　2　弥生　　3　養生　　4　生成り　　5　生身

③ 漢字の読みについて、性質の異なるものを1つ選んでください。
　1　残高　　2　番組　　3　本棚　　4　路肩　　5　敷金

④ 送り仮名の使い方として認められていないものを1つ選んでください。
　1　必らず　　2　表わす　　3　脅かす　　4　滑らか

⑤ 下線部の音が当てはまるものを1つ選んでください。
　「しゅっちょう(出張)」
　1　清音、促音　　　　　　2　濁音、長音
　3　拗音、撥音　　　　　　4　拗音、長音

⑥ 次のうち、慣例から認められている表記はどれか。1つ選んでください。
　1　くうき　　2　がくせい　　3　おうさま　　4　ざあざあ

⑦ ヘボン式ローマ字で書かれているものはどれか。1つ選んでください。
　心配　　1　sinpai　　2　simpai　　3　shinpai　　4　shimpai

⑧ 訓令式ローマ字で書かれているものはどれか。1つ選んでください。
　　サッカー　　1　sa-ka　　　2　sakkâ　　　3　sakkā　　　4　sakkaa

⑨ 外来語の表記について、政府の立場と異なるものはどれか。1つ選んでください。
　　1　「switch」の表記は「スイッチ」ではなく、「スウィッチ」がよい。
　　2　「venus」の表記は「ビーナス」も「ヴィーナス」も認められる。
　　3　「tour」の表記は「トゥアー」とせず、「ツアー」で構わない。
　　4　「tobacco」は外来語だが、「たばこ」とひらがな表記でもよい。

⑩ 漢字の読み方の表記で正しくないものはどれか。1つ選んでください。
　　1　じめん（地面）　　　　　　2　せいじ（政治）
　　3　せかいじゅう（世界中）　　4　はなじ（鼻血）

⑪ ⑩について、この考え方は、どの告示に記されているか。1つ選んでください。
　　1　現代仮名遣い　　　　　　　2　常用漢字表
　　3　公用文作成の要領　　　　　4　歴史的仮名遣い

第6章 社会言語学

　若い人たちは言語感覚に鋭いとよくいわれます。私が10年ほど前から気になっている若者の表現に「わたし的には～」と「～てか、～っていうか」があります。おそらく日本語学習者も、教科書や授業では取り立てて習うことはあまりないでしょう。学習者は、インターネットや日本人との接触場面で、こうした表現を初めて知るのかもしれません。望月 (2010, p.2) は、「わたし的には～」は、代名詞「わたし」と「～的」が結び付くという意表を突く結合であり、直接的でなく婉曲的に遠まわしに表現する若者特有のぼかし言葉として使用されると説明しています。また、田辺 (2008, p.55) は「～てか、～っていうか」という表現を、文と文とを結ぶ接続詞のように使われ出して、発話を始めるとき聞き手の注意を促す目的があると分析しています。このように説明されるとおもしろいですね。

　こうした若者ことばがどのくらい使われ続けるのかですが、平均2.6年で、大半が3年未満で消えていくという調査結果があります (桑本, 2014, p.70)。みなさんも、昔は使っていたけど、今はまったく使わないなあと、思い当たることばもあるのではないでしょうか。

　若者の間から発生したものかどうかは定かではありませんが、最近話題の英語圏で使われる 'selfie' という新しいことばは、日本語の「自撮り (自分撮り)」と同じく、自分を被写体として自分で撮影してインターネットにアップロードするという意味です。これはソーシャル・ネットワーキング・サービス (SNS) などを中心に広まった新しいことばです。

　ある新しいことばが生き残るかどうかは、社会の事象を的確に表せているかどうか、そして、多くの人々に受け入れられるかどうかがカギと

なります。ことばが表す実体そのものがなくなれば、ことばも徐々に消失していくと考えられます。

　社会言語学は、話者の性別、年齢、地域、職業、階層などの違いという社会的要因や聞き手と話者の関係によって変わることば遣いや、ことばの多様性を研究する学問分野です。「〜的」「〜てか」などの若者ことばやSNS用語でもある'selfie'などのことばを研究対象として、社会の中でことばがどのように機能しているのかを明らかにすることが目的です。

　この章では、ことばの研究をとおして社会を見ていきましょう。

1　社会言語学とは

　社会言語学は、社会と言語に関連することを明らかにしていく研究分野です。地域、年齢、性別、階層別などを属性といいますが、社会言語学とは、この属性によって異なることばの使用について考えるものです。例えば、地域方言、**女性ことば**、**男性ことば**、職場語、専門用語、**若者ことば**など、さまざまな視点でことばについて議論します。

　ことばは固定化されているものではなく、時代の流れとともに変化していく流動的なものです。「見れる」「食べれる」「来れる」などの「ら抜きことば」も以前は若者ことばといわれていましたが、近年は市民権を得つつあります。文法的に見て本来は間違った日本語でも、使う人が圧倒的に多くなれば、もはや間違った日本語とはいえなくなります。正しい日本語とは何かという議論は、世代や時代によって違ってくるということがいえます。

　社会言語学では、**サピア=ウォーフの仮説**（Sapir-Whorf Hypothesis）がよく知られています。この仮説には2つあって、そのうちの1つは**言語相対論**（theory of linguistic relativity）です。これは、集団が持つ言語が違えば現実を認識する方法も違うという考えです。もう1つは、言語相対論より少し強い仮説の**言語決定論**（theory of linguistic determinism）です。この仮説は、集団が現実を認識する方法は言語が決定づけるというものです。

　強い仮説のほうは議論がまだ十分に尽くされていないのですが、サピア=ウォーフの仮説を説明するときに、虹の色はいくつかという話題がよく取り上げられます。日本ではレインボーカラーといえば赤橙黄緑青藍紫の7色ですが、アメリカは6色、フランスは5色、アフリカのある部族は2色と、国によって違います。それは、言語によって名前のない色があるからだそうです。サピア=ウォーフの仮説は、人間の思考は母語によって強く規定されるという主張から、名前がなければ概念上現実の世界には存在しないという可能性を唱えています。このように、言語によって世界認識が違うということを説明しようとするのがサピア=ウォーフの仮説です。

2　属性とことばとの関係

文字や音声など言語の形式的要素を**言語形式** (language form; language type) と呼びます。言語形式には、社会的要因で分けられる話し手の**属性** (attribution) が含まれています。属性とは、例えば、性別、年齢、出身地、階級、職業、教育、階層、言語、民族など、なかには可変的なものも含まれますが、社会に生きる人たちとことばとの関係性を調べる場合、属性はとても重要な項目です。

2.1　女性ことば・男性ことば

まず、性差によって使用することばに違いがあるのかどうか見てみましょう。みなさんは、日本語は男女の差が顕著に表れることばだと思いますか。一人称を表すときの「わたし」「わたくし」は、場面によっては、男女ともに使用されます。漫画やアニメのキャラクターには例外もあるようですが、「おれ」「ぼく」は一般的には男性が使う表現でしょう。くだけた場面では、女性は「あたし」も用います。「雨が降りそうね」「そうかしら」などの文末表現を見てみると、「ね」「かしら」「わ」と「ぜ」「だろ」「な」では、比較的男女差が表れやすいと考えられます。

男性ことばと女性ことばの境界が低くなることはありますが、男性が、女性の使うイメージの強い表現を使うことはあまり見かけません。その一方で、女性が男性のよく使う表現を用いることには違和感が少なくなってきているようです。例外としては、もともとは主に女性が使っていた終助詞「の」の使用があります。最近では、「ご飯食べないの？」のように、疑問文であれば、男性も使うようになってきました。この場合の「の」は「のですか」の「の」で、理由の説明を求めているものとして考えられます (馬, 2014, p.179)。今後も**レジスター** (register, **言語使用域**)（後述）が拡大して、ことばの性差が縮まっていくと考えられます。

2.2　ジェンダー

筆者はかつて、地域の日本語教室で南米出身の学習者に「少年って漢字は、

年が少ないって書くけど、どうして少女の漢字は女が少ないって書くの？」と聞かれたことがあります。「少年」「少女」の漢字の意味について、そのとき初めて**ジェンダー**の視点から考えました。

　ジェンダーとは、生物学的に異なる女と男という肉体構造ではなく、社会が作りだす性差のことです。そして、ジェンダーが、その振る舞いや行動様式、また、自分が女であり男であるという自覚を規定しているという考え方は広く認められています (越智, 2004)。英語では、男女平等の意識の高まりとともに、連結形の man-/-man を含む語の多くは、性差のない表現（ジェンダー・フリー）に変更されています。例えば、'fireman' を 'fire fighter'、'policeman' を 'police officer'、'doorman' を 'access controller'、そして人類を表す 'mankind' を 'human beings/humankind'、さらに、一対一を表す 'man-to-man' も 'one-to-one/one-on-one/face-to-face' といった具合に、男性を表す 'man' を徹底的に排除した呼び方に変えています。こうした例から、職業名に関していえば、アメリカで、もともと男性が多く従事する消防や警察の分野で女性の活躍が増え、差別をなくそうとするジェンダー・フリー、つまり、中立的な呼称に変えるという考え方が広がってきたことがわかります。

　一方、日本では、総務省の**「日本標準職業分類」**[(1)]によると、女性の職業だとされてきた「保母」は、男性の参入が増えたことによって一時的に「保父」という名称も現れましたが、現在は「保育士」で統一されています。また、看護職に関して、「看護婦」は女性、「看護士」は男性と区別されていましたが、今では「看護師」で統一されています。このように、日本でも、性差による呼称の違いをなくす動きがあります。

2.3　political correctness（ポリティカル・コレクトネス）

　人種、宗教、年齢、婚姻状況、身体障害等に関する差別や偏見を助長する表現を避けようという運動のことを**political correctness（ポリティカル・コレクトネス）**といいます (politically correct（ポリティカリー・コレクト）と呼ばれることもあります)。political correctness（以下、PC）に対して、日本語では「政治的妥当性」「政治的適性」「政治的正しさ」「政治的正当」「政治

的潔癖主義」など、さまざまな訳がありますが、まだ定訳はないとされています (三本松・関井, 1994, p.88)。

　日本の場合、テレビ番組で障害や人種差別等に関する差別語などの放送禁止用語を使った場合、いわゆるピー音の自主規制音がかぶせられることがあります。これは、憲法第14条(2)で規定されている差別禁止に連動する動きで、厚生労働省や文部科学省(3)でも検討会議が開かれています。用語における差別と偏見を撤廃する動きは、2.2で述べた「保育士」「看護師」などの職業名にかぎらず、性別・出自・人種・宗教・障害・年齢・婚姻など、社会生活全般にわたっています。

　例えば、日本精神神経学会は、「学習障害」を「学習症」に変更すると新しい指針を発表しました(4)。「障害」が「症」と名称変更されることで、そう診断された本人も家族も気持ちが楽になって、困難に立ち向かう勇気が出るという場合もあるでしょう。

　また、内閣府障がい者制度改革推進会議(5)では、「障害者」という表現に対して、「チャレンジド (challenged)」という語を候補に挙げています。チャレンジドとは、「障害に負けることなく、社会進出をしていこうとする人たち」という意味合いで、前向き、かつ、可能性を示唆する表現であるとするものです。しかし、この呼称は、障害者が直面する差別や障壁をなくすために社会全体が取り組んでいくのではなく、障害者だけが課題に取り組んでいくような誤解を与えるとして、否定的な意見を持つ人たちもいます。

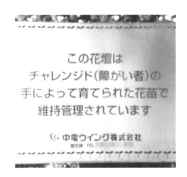

図1　「チャレンジド」の語が実際に使われている例(6)

こうしたPCに関連する動きについて、単に「ことば狩り」と批判する傾向が一部にあります。言い方を変えただけで人々の認識に変化が起こるのかどうか、このようなPCと社会の問題とは、突きつめればその語を使う人の意識の問題だと考えることができます。

> 〈グループワーク1〉
> 日本におけるPolitical Correctnessは、今後どのようになっていくと思うか、グループで話し合いましょう。

2.4 ことばの年代差

同じことを表現するのに、ことばには年代差が見られます。例えば、「ハイネック」や「コーデュロイ」のことを、年代の高い人がそれぞれ「とっくり」「コールテン」というのを聞いたことがあるのではないでしょうか。年齢層の高い人は、「ハイネック」と「コーデュロイ」を耳にすることはあっても使わないのかもしれません。また、それらの語への親近感が薄いことも理由として考えられます。

全国36の大学で学ぶ2,889人の学生を対象にして、2013年に国立国語研究所が行った若者世代のことばの調査を見てみましょう[7]。流行語というには一般的になりすぎた印象のある「やばい」は本来はネガティブな意味で使われ、「全然」は「全然～ない」といった否定を表す意味で使われますが、最近は逆の肯定的な意味で使われる場面が多いようです。こうした肯定的な用法は一般に問題にされることが多いものですが、「やばい」は全体の72％、「全然」は24％で使用されていました。また、文化庁でも「やばい」について調査しています[8]。年代別に見ると、「とてもすばらしい」という肯定的な用法で「やばい」という言い方をすることが「ある」と回答した割合は、年代が低いほど高くなる傾向にあり、16～19歳で91.5％と最も高く、次いで20代79.1％となっています。

また、文化庁の「平成25年度国語に関する世論調査[9]」では、「～る」「～する」形の動詞について、全国16歳以上の男女3,473人を対象に行いました。

「チンする」は90％、「サボる」は80％台半ばの人が「使う」と回答しています。また、年代別に「お茶する」「パニクる」「タクる」「ディスる」[10]の4つを示したところ、この中でも比較的耳にする機会の多い「お茶する」は、「使うことがある」の割合が30代で90.3％と最も高くなっていて、70歳以上でも37.9％となっています。「ディスる」は、「使うことがある」の割合が16〜19歳で34.1％、20代で33.7％である一方、30代以上では10％に満たず、なかでも50代で0.7％、60代で0.5％、70歳以上は0.0％という結果が出ています。この結果から、「ディスる」は比較的若い層の間で浸透しているといえます。

文化庁は、新しい複合語と**省略語**——婚活、イクメン、女子力[11]、デパ地下、大人買い、クールビズについて聞いたことがあるかどうか、また、それを使ったことはあるかどうかの調査をしています[12]。「婚活」については、「聞いたことはあるが使うことはない」が16〜19歳で86.4％と最も高くなっています。「女子力」については、「聞いたことはあるが使うことはない」が60代で69.3％と最も高く、「聞いたことがない」の割合は70歳以上が26.8％と、他の年代より高くなっています。

16歳から19歳の人たちの約90％が「婚活」[13]という語を聞いたことはあるが使わないという結果は、結婚というイベント自体がまだ現実的ではないからかもしれません。平成21年に週刊誌で取り上げられた、「遺言を書いたり、葬儀や相続について考えたりする自分の人生の終わりに向けての終末活動」の略語の「終活」は、就職活動の略語である「就活」の読み方と同じで、漢字を一字変えたものです。「就活」「婚活」「終活」などの省略語の浸透度は、関連する産業界の動きとも無関係ではないでしょう。ことばの年代差は、その年代の人たちの社会生活と切り離して考えることができないといえます。

〈グループワーク2〉

昔はあったけれども、今はまったく使われなくなったことばや表現は何でしょうか。また、最近耳にする「新語」は何でしょうか。1人3つずつ考えましょう。そして、「新語」の中でこれからもずっと生き残っていくだろうと思われることばをグループで2つ選んで、理由とともに発表しましょう。

2.5　集団語

　特定の集団に属する人だけしか理解できないようなことばが使われることがあります。これを**集団語**といいます。医療従事者の知人に、病院の中でよく使われることばについて聞いてみました。医療集団では、がん治療のための化学療法のことを、英語のケモセラピー (chemotherapy) を省略して、「ケモ」といい、「エッセン」はドイツ語で「食べる」のessenに由来する患者さんの食事のことを指すそうです。病院では、関係者同士が「もうエッセン行った？」などと会話するとのことです。

　集団語は、外部に知られてはいけない情報を集団の人たちだけに周知する目的で使われることもあります。

　警察組織も集団語が多いことで知られています。例えば、「ニンドウ（任意同行）」「ガセネタ（偽情報：「お騒がせ」から）」「ホシ（犯人・容疑者：「犯人の目星がついた」から）などで、耳にしたことがある語もあるでしょう。

　2.4でことばの年代差について考えてみましたが、若者ことばについてはどうでしょうか。若者集団で使われる集団語は若者ことばといわれています。また、大学という集団のなかで使われることばをキャンパスことばといいます。大学内や大学周辺地域に関する語、授業、サークル活動や大学行事に関する語等、大学生以外の人が聞いても瞬時に理解できないようなキャンパスことばがあります。例えば、「いっきょうさい（一橋祭：一橋大学学園祭）」「とこさい（所祭：早稲田大学所沢キャンパス祭）」「ばばあるき（馬場歩き：早稲田大学からJR高田馬場駅まで歩くこと）」「フルたん（フル単：全単位修得）」「いんし（院試：大学院入学試験）」などがあります。

　桑本 (2014, p.68) は、「若者ことばは、その担い手である若者世代を主な使用者とし、『若者文化』としてまとめることのできる特有のサブカルチャーのなかで運用されるもので、『若者』という一種の特定集団に使用される『集団語』と定義される」と述べています。

　若者ことばには地域差が存在するという国立国語研究所の調査結果も出ています。「マクド」や「セブイレ」は主に関西で使用されていて、他の地域ではほとんど使用されていません。また、性差も生じていて、例えば、「携番」「家電」「アド変」などの携帯電話関連用語では、男女別にみると、女性の使

用率が男性より高いことがわかりました[14]。

また、2.4でも取り上げた「女子力」や「ディスる」などのまだ一般には浸透していない若者ことばは、若者世代ではない人が「その意味は何？」と質問すること自体を若い人たちが楽しんでいる印象があります。集団語の特徴として、自分たち以外の集団には理解しづらいということが、結果的にその集団に属する人たちの連帯感を強化することにつながっているといえるのかもしれません。

> 〈グループワーク３〉
> あなたの部活動、アルバイト先、仕事先でしか使われない特別な用語や表現は何でしょうか。その用語・表現を言って、グループの人に何を表すのか想像してもらってください。そして、その用語・表現がどのような状況で使われるのか説明してください。

3 方言

3.1 標準語、共通語、方言

日本には、東北弁、関西弁、九州弁など各地域で話されている地域方言があり、首都圏で話されている日本語も社会言語学では１つの方言だとして、**東京方言**と呼ぶ場合もあります。日本の方言を分布状態で見ると、大きく**本土方言**と**琉球方言**に分けることができ、本土方言はさらに、東部方言（北海道方言、東北方言、関東方言など）、西部方言（近畿方言、東海東山方言、中国・四国方言など）、九州方言に分けられていて、日本語は各地方言の集合体であると考えられます（恩村, 2003, p.60）。このように方言で区分した地域を**方言区画**（清水, 2000, p.72）といいますが、私たちはこの方言区画で描かれた方言区画図内のどこかに居住しているわけですから、そうした意味からも、私たちは必ずどこかの地域の方言を話しているといえます。また、方言の中にも同じ地域で暮らす人々の属性によって言語変種があります。

方言について考える前に、「標準語」とは何かについて考えてみましょう。

標準語は、政治や教育などの公式な場で使用されることばのことです[15]。標準語は、明治政府が行った近代化政策から生まれたものの1つです。行政の文書で使われたり、ニュースで使われたりする、国が理想としたことばのことで、東京の山の手で話されていることばを基本としていました。しかし、理想の日本語話者は東京の山の手ことばを話す人だと言われても、正確なイメージはつかみきれません。また、日本語の標準語化は政府主体で進められた政策ですから、国による統制や権威主義といった側面を廃すため、国立国語研究所は「共通語」という用語を使っています。共通語とは、その国の中ではどこでも通用する言語で、現代日本語では東京語を基盤とします（沖森・木村・陳・山本, 2006）。

3.2　地域方言

　地域社会において共通語は、あらたまった場面のことばとしての機能が中心であり、地域社会においては、親しい人と話すときは、親しくない人と話すときに比べて、方言で話す比率が高くなる傾向があると報告されています[16]。同じ日本でありながら、場所によって話されている語彙や発音などが体系的に違うバリエーションのことを**地域方言**といいます。地域方言とは、方言の中でも特定の地域内で話されていることばだといえます。清水（2000）は地域方言がどのようにして発生したかについて、3つの要因があったとしています。第一に、日本列島の地形的な要因によって交通の手段が限られていたことが障害となり、地域間交流が頻繁に行われなかったことです。第二に、人為的な要因が考えられます。江戸時代、徳川幕府が強固な封建制度を布いていたため、藩域封鎖によって人の行き来がなく、**言語接触**が行われなかったからです。第三に、逆に各地から多くの人が集中移住して、多様な方言が混合してできた北海道方言などがあります。

　地域方言の特徴は語彙、アクセントや文法に表れるとされています。「名古屋弁」の例を挙げてみます。語彙として、「机をつる（机を移動させる）」「えらい（疲れた）」「放課（授業と授業の間の休み時間）」「B紙（模造紙）」、アクセントとして、「おかざき（平板化）」「ピアノ（高低低）」「くつ（高低）」、文法面では、「いっしょにしんで（（あなたと）いっしょにしないで）」（動詞「する」

第6章　社会言語学　　147

の否定形のテ形)、「私、バイトがあるんだって」(モダリティ表現の伝聞用法ではなく「〜んだ」)、「先生ご飯食べてみえるよ」(「〜てみえる」は「〜ている」の尊敬表現) などが挙げられます。

　関西と九州で見られる「東京弁」について調査した陣内 (1993, pp.107-109) によると、「〜ちゃった」は、九州の女性のほうが関西よりも高い頻度で使っていることがわかりました。九州では、関西ほど方言形を使おうとする意識的基盤が強くなく、共通語ほど硬い雰囲気を与えない「東京的」なイメージを持つ「東京弁」が好まれる傾向にあるのではないかとしています。こうした地域方言の東京弁化は、地域方言にとって新しい局面が出てきつつあるとしています。

3.3　新方言とネオ方言

　全国各地の「**新方言**」という研究があります。新方言の提唱者である井上史雄は、新方言とは若い世代の人が共通語にない言い方をくだけた場面で使うことばのこととしています。また、佐藤 (2008, p.219) は、新方言とは、①若い世代の間で使用者が増えている、②共通語とは認められない、③地元でも方言扱いされるという3つの条件を満たす語形を指す、としています。新方言は、他の地域の方言や共通語との言語接触によって変化がもたらされるもの、特定の地域に限定されて拡大していく新しいことばや表現、の2つに分けられます。井上史雄の「新方言辞典稿・インターネット版[17]」から実例をいくつか抜粋してみましょう。

① 　ケッタ：自転車 (愛知県〜岐阜県)
② 　コチョバス：くすぐる (北海道札幌、旭川)
③ 　シャーシイ：うっとうしい、不快だ、面倒だ (博多)
④ 　シンカッタ：しなかった (岐阜県)
⑤ 　タベラス：食べさせる (四国ほぼ全域)

　佐藤 (2008, p.224) は、「ミタク」は、形容動詞「みたいだ」の語幹「みたい」を形容詞化した新方言であり、群馬県内では東部地域から使用が始まり、

西部・中部地域に拡大していると述べています。「チガカッタ（違っていた）」は、動詞「違う」の意味内容が形容詞の範疇（はんちゅう）に近いことからその語幹を形容詞のように活用させることから生じた新方言で、東京の若年層にも普及が認められ、東京型の新方言と判断でき、全国的に普及しつつあるとのことです（佐藤, 2008, p.221）。

　方言の新しい現象をとらえる井上の新方言の他にも、真田信治による「**ネオ方言**」という研究があります。方言と共通語、丁寧体と普通体など、発話相手との人間関係や談話の流れに合わせて話者が選んだ形式のことを**スピーチ・スタイル**といいますが、真田（2009, p.107）は、このスピーチ・スタイルの観点から、従来の方言でも標準語でもない地域における中間的なネオ方言に注目しています。

　ネオ方言とは、若者たちが方言を取り込んでカジュアルな場面で使う標準語と方言の相互干渉のプロセスにおける新しい形で、若年層のスピーチ・スタイルとして定着しつつあります。例えば、関西地域で使われる「コーヘン」は、東京語の「コナイ」と関西方言の「ケーヘン」が混交して生まれたといわれています。関西地域でネオ方言の「コーヘン」を使う人たちは、新方言同様、テレビで共通語を耳にしたテレビ世代の1960年代以降の生まれの人たちです（真田, 2009, pp.109-110）。また、南（2013, p.57）は、ネオ方言の具体例として、従来の関西方言の「行かへんでもええ」「行かへんようになる」を、若年層は「行かんくてもええ」「行かんくなる」と表現していると述べています。

　鑓水（2014, p.214）は、新方言とネオ方言の特徴を次のように挙げています。新方言は、①増加傾向にあり、②非共通語形で、③改まった場面で使われない（方言と認識される）としています。一方、ネオ方言は、①体系性をもち、②標準語の干渉を受けていて（中間方言）、③改まった場面でも使用可能としています。

　メディアやインターネットの普及の影響で日本語は著しく標準語化が進んだといえます。しかしその一方で、方言は、消えていくだけではなく、若い世代を中心に新たな形が構築されていっていることを、新方言やネオ方言の研究は示しています。

> 〈グループワーク4〉
> あなたの出身地、または居住地で話されている地域方言をいくつか挙げてください。そして、グループの人に意味を想像してもらってください。

4 ことばと社会

　国立国語研究所（2014）は、ことばとは場面に即して変化する実際的な言語使用に関わる社会的・文化的な側面を持ち、人と人をつなぐコミュニケーションの道具であると述べています。家庭や学校・職場、テレビや映画、本や雑誌、手紙やEメールなど、私たちの生活はどの場面をとってもことばに支えられています。また、物事を深く考えたり、思考をまとめる場面でも、ことばは欠かせない働きを持っています。ことばがどのように私たちの日々の暮らしにかかわるのか、また、ことばをどのように使っているのかを研究するときの軸となるものが、**言語生活**という概念です。

　この節では、ことばのバリエーション、レジスター、テクストとコンテクスト、言語接触と接触場面、コードスイッチング、スピーチ・アコモデーションと言語生活のさまざまな側面について考えてみましょう。

4.1　バリエーション

　ことばにはそれぞれの場面に即した**バリエーション**があり、ことばのバリエーションのことを**言語変種**といいます。また、特定の地域や集団が持つ発音や語彙のバリエーションも含まれます。これは他の言語にも存在します。英語はアメリカ英語、イギリス英語、オーストラリア英語などに分けられますが、そこで使用されている語彙や発音にはそれぞれの地域でバリエーションが見られます。例えば、手荷物のことをアメリカ英語では 'baggage' イギリス英語では 'luggage' といいます。また、オーストラリア英語では、蚊 (mosquito) のことを 'mozzie'、オーストラリア生まれの人のこと (Australian) を 'Aussie' というのはよく知られています。また、「どちらも〜ni」という意味の 'neither' は、アメリカ英語では「níːðər（ニーザー）」、イギリス英

語では「náiðər（ナイザー）」と発音します。このような例から、同じ英語でもバリエーションがあるということがわかります。

4.2　レジスター

　私たちは、自分が置かれた場面と立場によって、語彙、文法、発音を使い分けています。例えば、同じ書きことばでも、契約書、論文、エッセイ、手紙では、それぞれ語彙や文法に異なった特徴が見られます。また、話しことばなら、家族と話すときと上司と話すときでは、語彙、文法や発音が異なることは想像に難くないでしょう。このように、社会的状況に応じて変えた言語変種のことを**レジスター**（**言語使用域**、**register**）といいます。レジスターは、個人的な癖や好み、主義などによる書き方や話し方の違いではなく、「このような状況では、一般的に、あるいは常識的にこのようなことば遣いがされる」といった違いに関するものです。Halliday & Hasan (1976, 1985) は、レジスターを規定するものとして、次の3つを挙げています。

① フィールド（field）：言語使用の場面がどのような分野に関わるのかを規定する。
② テナー（tenor）：言語使用の場面で関わる人を規定する。
③ モード（mode）：言語使用の場面でのことばの伝達方法を規定する。

　①のフィールドによるレジスターには、法律、医療、ビジネスなどの専門用語や、祝辞、弔辞など、②のテナーによるレジスターには、乳幼児に対するベイビー・トーク（baby talk）、ティーチャー・トーク（teacher talk）、フォリナー・トーク（foreigner talk）など、③のモードによるレジスターには、話しことば、書きことば、電文（電報を打つときに使う文）などがあります（近藤・小森編, 2012）。例えば、お世話になった先生に改まった手紙を書く場合には、「拝啓－敬具」を使う一方で、友だちに書く場合は「元気？－またね」と書いたりします。これは、フィールド（手紙）とモード（書きことば）は同じでも、テナー（相手と自分との関係性）が違い、レジスターに差が生じる

ことによると考えることができます。

4.3 テクストとコンテクスト

テクスト（テキスト、text）とは言語形式の集まりのことです。一方、**コンテクスト**（**文脈**、コンテキスト、context）とは、そのテクストが使われている状況、そして、コミュニケーションの場面を取り巻く言語的、あるいは、知識的文脈の総称のことです。コミュニケーションのしかた、さらに、それを取り巻くもろもろの状況、例えば、物理的状況、言語、共通の知識、体験、価値観、ロジックなども含まれます（徐, 2012, p.68）。コミュニケーションは、話し手、聞き手、コンテクストの3者で構築されるものです。

テクストの解釈のためにコンテクストが参考にされたり、特定のコンテクストだから特定の言語形式が選択されると考えられています。例えば、「今日は暑い」というテクストの「今日」の意味の解釈のためには、そのテクストが発せられた日の天気や気温などのコンテクストが必要になります。

コンテクストはコミュニケーションに大きく影響していることから、コンテクストをもとにして文化を考えることができます。文脈に大きく依存する文化、つまり、明確な表現は避けて文脈から互いに相手の意図を汲み取る文化を**高コンテクスト文化**（**高文脈文化**、high context culture）といいます。一方、言語が主要な役割を果たす文化であり、メッセージの大部分が言語によって伝達される文化、言い換えれば、言語がそのまま正しくメッセージを伝えていると考えられる文化を**低コンテクスト文化**（**低文脈文化**、low context culture）といいます（藤本, 2011, pp.144-145）。高コンテクスト文化は、集団的で画一的な文化を持つ地域に多いと考えられます。また、低コンテクスト文化では、口に出してはっきり伝えるとか、文書による契約書などで明確に情報を確認する必要があります。

4.4 言語接触と接触場面

インターネットの発達によって、私たちは瞬時に世界で起こっている事実を知ることができ、時間と距離を縮めただけでなく、ことばの距離も縮めました。例えば、50年前は、今ほどたくさんの外国のことばに触れることは

ありませんでした。現在、他の外国語との接触、あるいは、別の方言との接触、若者ことばとの接触など、私たちは日々さまざまな言語接触を経験しています。言語接触の中でも、異なる言語を話す者同士が接触を持つ場面を**接触場面**といいます。接触場面は、例えば、日本にいる日本語非母語話者が日々**目標言語**（この場合日本語）の話者と目標言語を用いる場面、目標言語では意思のやり取りができない場合に別の言語を用いる場面、あるいは、同じ母語話者同士で母語を用いる場面の3つの場面が想定できます。

接触場面を研究する際、母語話者の言語行動にも注目して分析する必要があります。接触場面を一方的な母語話者の日本語インプットをもらう場、または、母語話者自身の共生日本語のための調整ストラテジーを分析する場、と捉えるだけではなく、双方向から捉え、相互理解のプロセスを解明することが重要になってくるでしょう（北出、2010, p.198）。

ネウストプニー（1995, p.186）が日本語教育の目的を「日本語を外国人の話し手に使わせてみることにあるのなら、外国人の話し手がどのように使っているかを研究してみる価値があるはずである。むしろ、これは日本語教育の出発点であり、かつ到達点であるかも知れない」と述べているように、上に挙げた3つの接触場面は日本語教育を研究するときの基本的な場面であるといえます。

4.5　コードスイッチング

社会言語学では、特定の場面でのみ使用する言語や方言の変種のことをコード（code）といいます。そして、二言語話者が母語とその他の言語を同時に交互に使用することを**コードスイッチング**（**code-switching**）といいます。日本に住むブラジル人とアメリカに住む日本人のコードスイッチングの例を見てみましょう。

　　(1)　Carlos：Hoje como vai esquentar, melhor colocar 帽子。
　　(2)　Masako：だから言ったのよ、so many times ね。

(1) は、「今日は暑くなるから、帽子が要るよ」の「帽子」をポルトガル語

から日本語の語彙にスイッチしています。いちばん強調したい語彙だけ日本語にしている例です。

(2) は、時間割を確かめるように言ったにもかかわらず、忘れ物をした子どもに対する母親の発話です。「何度も」を "so many times" と英語にスイッチしています。

日本語の会話なのに、あえて英語を使う場合、その背景には話者の特別な意図が隠されていて、バイリンガルの日本人が否定的な意味や皮肉を伝える際に英語にスイッチしていることが観察できたとする報告もあります (藤村, 2013)。

最近の社会言語学では、コードスイッチングはある一定の言語規則に従って行われているのではないかということが議論されています。2つの言語で語順が一致している部分のみで自由にスイッチが起き、語順が異なる部分ではスイッチが起きないとする equivalence constraint (等価制約) という考え方があります (李, 2014, p.11)。東 (2009, p.37) では、英語とスペイン語のように語順が比較的似ている言語間で起こるスイッチを取り上げています。

(3)　The student brought the homework for the professor.
　　　↕　　↕　　↕　↕　　↕　　↕　↕　　↕
(4)　El estudiante trajo la tarea para la profesora.
　　(学生は宿題を先生に渡した)

equivalence constraint の考え方によると、語順が同じ英語とスペイン語では自由にスイッチできる実際の例が以下です。

(5)　The student brought the homework para la profesora.

equivalence constraint は語順が似ている言語間では機能しますが、(1) と (2) では、内容語といわれる名詞がスイッチしていました。また、(2) のように語順が似ていない日本語と英語の言語間でもスイッチは起きています。コードスイッチングは、一定の言語規則でスイッチすることは予測がついて

いるのですが、まだ確たる仮説は提示されていないようです。

4.6　スピーチ・アコモデーション

　コードスイッチングは主に言語の切り替えでしたが、ここでは、発話相手によって自分の話し方のスタイルを相手に合わせる**スピーチ・アコモデーション**（speech accomodation）という考え方について見てみましょう。私たちは、同じ話題について話すとき、聞き手によって話し方を変えます。例えば、幼稚園教諭は、園児に話すときと園長に話すときでは話し方を変えるでしょう。また、東京で学生生活を送る大学生は共通語に近い話し方をして、帰省すると地元の話し方をするでしょう。こうした言語的に調整をすることをスピーチ・アコモデーションといいます。

　スピーチ・アコモデーションは、会話スタイルの社会的心理的モデルの1つです。話し手は自身のスタイルを受け手のスタイルに近づけたり（コンバージェンス、convergence）、遠ざけたり（ダイバージェンス、divergence）して話し方を調整するというものです（宮原, 2013, p.166）。

　ある企業に別の土地から赴任してきた主任が現地出身の社員との直接接触によって、赴任先の地域方言を使うようになったという研究があります。杉戸（1993, p.124）は、相手と意思疎通を図ろうと言語を切り替えて相手に歩み寄ろうとする主任と現地社員との間に、スピーチ・アコモデーションの過程が観察できたとしています。ここから、スピーチ・アコモデーションとは、話し手が相手に受け入れられるようにするために、自分の話し方のスタイルを相手のスタイルに近づけようとすることだと考えられます。

　私たちは、子どもに話すときと大人に話すときでは話し方を変えますが、これは、一方的に話し手側が調整しているのではなく、聞き手からの影響を受けて変えるということがいえます。

　4.5の(1)と(2)で、日本に住むブラジル人とアメリカに住む日本人のコードスイッチングの例を見ましたが、これはスピーチ・アコモデーションで説明されているコンバージェンスの影響だとも考えられます。話者たちが属する社会で話されている言語にできるだけ近づきたいという気持ちの表れの可能性もあります（藤村, 2013, p.30）。

5 最近の流れ

　2016年4月に熊本を中心にして震度7の地震が2度発生しました。大きな災害が起こったとき、被災者の支援のためにボランティアの力が必要になります。ここでは、被災地での方言を介したコミュニケーションのとり方について考えてみたいと思います。

　2011年に起こった東日本大震災以降、方言と災害に関する研究が進んできています。本節では、宮城県の「文化としての方言・絆としての方言」と岩手県の「被災地の言語意識」の報告（大野・齋藤, 2013）から、「方言と災害」について考えてみます。

　震災後求められる支援内容は、生活支援活動が中心になってきています。それにともなって、被災者に寄り添い、的確にコミュニケーションをとるために、宮城県では、①被災地での方言にまつわるコミュニケーションの問題、②支援者のコミュニケーション環境や被災地方言への意識の2点を把握することを目的として、2012年12月から2013年2月にかけて支援者、自治体職員、被災者を対象にして調査が進められました。

　関東以西からの支援者からは、被災者が話す単語、特に地名の聞き取りに苦労したが、聞き取れない場合、その場で聞き返してもよいものか苦慮しているといった回答が寄せられました。そのため、宮城県では、支援者はある程度被災地の方言を学んでから現地に行く必要があるとしています。また、余裕があれば事前に被災地の方言を学んでおきたいという遠方の支援者の要望もあり、方言パンフレットや会話集に一定の需要があることがわかりました。一方、岩手県は、パンフレットなどで予習しておくことは現地の人と接するときの話のネタにはなるが、満足な意思疎通には不完全であるため、会話の中で方言など不明なことがあれば、話の相手に直接尋ねることで、さらに人間関係を深めることができるとしています。

　2016年4月14日に発生した熊本地震以降、県外から支援活動に参加するボランティアのために、「知っておきたい熊本方言」というパンフレットが東北大学方言研究センターによって2016年4月26日に発行されました。特に、医療現場で役立つ情報が以下の4つの項目でまとめられています。

① 聞き取りにくい発音
　　　カーッ (柿)、ヤッバ (役場)
② 誤解しそうな方言
　　　ナオス (片づける)、ワカラン (だめだ)
③ 受け答えや挨拶の方言
　　　チョージョー・ダンダン (ありがとう)、
　　　ナンノナンノ (どういたしまして)
④ 知っておくと便利な方言
　　　アクシャウツ (ほとほと困り果てる)
　　　トゼンナカ (さびしい)

　復興を加速化させるためには連帯感が必要です。この章では、社会言語学の観点から、集団のなかで共通のことばでコミュニケーションをとることは仲間意識の構築と連帯感の強化につながることを見てきました。

　最後に、医療・介護現場の外国人人材の日本語研修と方言についてどのような研究が進んでいるのか紹介します。現在、外国人看護師・介護士の育成事業が進められています。全国の医療・介護の現場で外国人人材が働きはじめていますが、新たな"ことばの問題"が指摘されてきています。その"ことばの問題"とは方言です。高齢者にとって、方言は気持ちや状況を伝えるためにもっとも落ち着くことばだといえます。しかし、外国人介護人材は研修や教材をとおして共通語を学んでいるため、医療・介護施設利用者が使う方言の理解が難しく、会話に困難が生じる恐れがあります。これを解消するためには、方言を含め、地域の実情に合わせた研修や教材作成が必要です。そこで、実際の場面ごとに施設利用者が使う感覚、感情、身体部位、症状の表現を整理した方言データベースなどの作成が急がれています (立川, 2014; 後藤, 2015)。

　このように、日本語教育において、方言指導の必要性が高まってきているといえます。防災では近隣の人たちとの、医療・介護の現場では利用者や同僚との日ごろのコミュニケーションが大切であり、それは地域に根差したコミュニケーションでなければなりません。今後は、「方言」の役割がますま

す注目されていくことでしょう。

［注］
(1)「日本標準職業分類（平成21年12月統計基準設定）分類項目名」総務省 <http://www.soumu.go.jp/toukei_toukatsu/index/seido/shokgyou/kou_h21.htm#grp_a>
(2)「日本国憲法（昭和二十一年十一月三日憲法）第十四条　すべての国民は、法の下に平等であつて、人種、信条、性別、社会的身分又は門地により、政治的、経済的又は社会的関係において、差別されない。」法務省 <http://law.e-gov.go.jp/cgi-bin/idxrefer.cgi?H_FILE>
(3) ①「これまでの用語変更事例資料6「痴呆」に替わる用語に関する検討会開催要綱」厚生労働省（平成16年6月21日）<http://www.mhlw.go.jp/shingi/2004/06/s0621-5f.html>　②「インクルーシブ教育システム構築事業について　平成27年度行政事業レビュー公開プロセス2日目議事録」文部科学省（平成27年6月16日）<http://www.mext.go.jp/a_menu/kouritsu/detail/1358709.htm>（2017年4月7日閲覧）
(4)「学習障害は『学習症』精神疾患、病名に新指針　アルコール依存症は『使用障害』日本経済新聞（2014年5月29日）
(5)「法令等における『障害』の表記については、当面、現状の『障害』を用いること」「『障害』の表記に関する検討結果について『障害』の表記に関する作業チーム」障がい者制度改革推進会議　内閣府（平成22年11月22日）p.8
(6) 平成28年5月9日　中電ウイング株式会社業務課より写真掲載許可取得済み。中電ウイング株式会社は、平成13年の設立時より「チャレンジド」を企業の基本姿勢としている。
(7)「国立国語研究所共同研究報告　首都圏の言語の実態と動向に関する研究　全国若者語調査地図集」大学共同利用機構法人人間文化研究機構国立国語研究所　鑓水兼貴（編）（2013年3月）
(8)『言い方の使用頻度について』「平成26年度『国語に関する世論調査』の結果の概要」文化庁（2015年9月17日）
(9)「平成25年度『国語に関する世論調査』の結果の概要」文化庁（2014年9月24日）では、全国16歳以上の男女3,473人を対象にした。
(10)「ディスる」は、disrespect、軽蔑、批判するの意味。
(11) 漫画家の安野モヨコが名付けた。
(12)「平成26年度『国語に関する世論調査』の結果の概要」文化庁（2015年9月17日）では、全国16歳以上の男女3,493人を対象にした。
(13) 自由国民社出版『現代用語の基礎知識2015』「ことばオンライン　増殖する「○活」、背景に何が 「活」一字に新たな意味」（2012年12月18日）<style.nikkei.com/article/DGXNAS-DB11001_R11C12A2000000>
(14) 注(7)と同じ。
(15)『応用言語学事典』p.355
(16)「国語研の窓」第20号　大学共同利用機関法人人間文化機構　国立国語研究所（2004年7月1日発行）
(17) 井上史雄（1996）「新方言辞典稿・インターネット版」<http://triaez.kaisei.org/~yari/Newdialect/>（2017年4月7日閲覧）

[参考文献]

東照二 (2009).『社会言語学入門 改訂版―生きた言葉のおもしろさに迫る―』研究社.

李宥定 (2014).「韓国人留学生の言語使用の特徴―フレーム・コンテント仮説から見た日・韓コード・スウィッチング―」『地球社会統合科学研究』創刊号, pp.9-18. 九州大学.

飯野公一 (2003).「Ⅳ-③ことばの使い分け」『新時代の言語学』pp.146-149. くろしお出版.

岩田一成・大関浩美・篠﨑大司・世良時子・本田弘之 (2012).『日本語教育能力検定試験に合格するための用語集』アルク.

ウォーカー泉 (2008).「初級学習者のスピーチスタイルに関する『気づき』―待遇コミュニケーション教育に関する考察―」『早稲田大学日本語教育学』2, pp.15-28. 早稲田大学大学院日本語教育研究科.

岡本佐智子 (2008).『日本語教育能力検定試験に合格するための社会言語学10』アルク.

大野眞男・齋藤孝滋・大橋純一・田中宣廣 (2013).「第2章. 被災地の言語意識」『東日本大震災において危機的状況が危惧される方言の実態に関する調査研究 (岩手県)』pp.31-116. 文化庁委託事業報告書.

沖森卓也・木村義之・陳力衛・山本真吾 (2006).『図解日本語』三省堂.

越智和弘 (2004).「芸術とジェンダー」松本伊瑳子・金井篤子 (編)『ジェンダーを科学する』pp.172-203. ナカニシヤ出版.

恩村由香子 (2003).「Ⅱ-②地域方言」『新時代の言語学』pp.57-69. くろしお出版.

鎌田修 (2002).「接触場面の教材化―多元性のある日本語教材の作成を目指して―」*Proceedings of the 14th Conference of the Central Association of the Teachers of Japanese* (pp.183-198). The University of Wisconsin, USA.

鎌田修 (2003).「接触場面の教材化」宮崎里司・ヘレン・マリオット (編)『接触場面日本語教育 ネウストプニーのインパクト』pp.353-370. 明治書院.

川崎直子 (2009).「接触場面研究の実践とその教材化」『愛知産業大学留学生別科紀要』1, pp.3-16. 愛知産業大学留学生別科.

川崎直子 (2014).「『やさしい日本語』の取り組みについて―『やさしい日本語』はなぜ必要なのか―」『地域活性化研究』13, pp.50-60. 岡山大学懇話会.

北出慶子 (2010).「構築主義的観点からの接触場面における相互行為プロセスの分析―接触場面の新たな分析観点と意義の提案―」『言語科学研究』1, pp.191-221. 立命館大学大学院言語教育情報研究科.

熊谷康雄 (編) (2013).「大規模方言データの多角的分析 成果報告書-言語地図と方言談話資料-」国立国語研究所.

<http://www.lajdb.org/daikibo_hougen_data_doc/daikibo_hougen_data_rep001.pdf>（2017年4月2日閲覧）

桑本裕二 (2014).「若者ことばにおける曖昧表現の形態および意味構造の変異について―テレビドラマのデータベースの通時研究への利用を目指して―」『秋田高専研究紀要』49, pp.68-75.

小池生夫（編集主幹）(2003).『応用言語学事典』研究社.

国立国語研究所「病院の言葉」委員会 (2008).「『病院の言葉』を分かりやすくする提案」<http://www.ninjal.ac.jp/byoin/>（2017年4月2日閲覧）

後藤典子 (2015).「医療・介護現場の方言を外国人はどう理解するか―他地域出身日本人と比較して―」『日本語教育』161, pp.42-49. 日本語教育学会.

小林隆・田附敏尚・武田拓・川越めぐみ・中西太郎 (2013).「文化としての方言・絆としての方言―東日本大震災、被災地からの発信― 宮城県報告」文化庁委託事業研究報告会発表資料. <https://www.sinsaihougen.jp/>（2017年4月2日閲覧）

小林直樹 (2008).「差別的表現の規制問題―日本・アメリカ合衆国の比較から―」『社会科学雑誌』創刊号, pp.87-148. 奈良産業大学社会科学学会.

近藤安月子・小森和子（編）(2012).『研究社日本語教育事典』研究社.

佐藤髙司 (2008).「若者の方言にみる言語変化―群馬県の新方言を例に―」『共愛学園前橋国際大学論集』8, pp.219-233. 共愛学園前橋国際大学.

三本松政之・関井友子 (1994).「ポリティカル・コレクトネス論争に関する研究ノート」『人間科学研究』16, pp.88-97. 文教大学.

真田信治 (2009).『日本語教育能力検定試験に合格するための日本語の歴史30』アルク.

真田信治・渋谷勝己・陣内正敏・杉戸清樹 (1993).『社会言語学』おうふう.

徐璐 (2012).「異文化コミュニケーション能力の育成―日本語教育を中心に―」『文明』28, pp.65-73. 愛知大学国際コミュニケーション学部.

清水義昭 (2000).『概説日本語学・日本語教育』おうふう.

「障害」の表記に関する作業チーム (2010).「『障害』の表記に関する検討結果について」日本障害者リハビリテーション協会情報センター. <http://www8.cao.go.jp/shougai/suishin/kaikaku/s_kaigi/k_26/pdf/s2.pdf>（2017年4月2日閲覧）

陣内正敬 (1993).「第6章 言語変化」『社会言語学』pp.91-112. おうふう.

杉戸清樹 (1993).「第7章 言語意識」『社会言語学』pp.113-134. おうふう.

鈴木惠子 (2010).「英語の多様性―変種をどうとらえるか―」『紀要』8, pp.125-132. 静岡英和学院大学・静岡英和女学院短期大学部.

立川和美 (2014).「高齢者介護活動に向けた方言教育に関する一考察―茨城方言をめぐ

る留学生の実態—」『流通経済大学社会学部論叢 (菊池英夫教授・山崎壽雄教授定年退職記念号)』24(2), pp.137-158. 流通経済大学.

田辺和子 (2008).「『というか』の文法化に伴う音韻的変化の一考察—縮約形「てか」「つか」をめぐって—」『明海日本語』13, pp.55-63. 明海大学.

内閣府障害者施策 (2010).「『障害』に係る『がい』の字に対する取扱いについて」(表記を改めている都道府県・指定都市)
<http://www8.cao.go.jp/shougai/suishin/h19jigyo/toriatukai.html>(2017年4月2日閲覧)

中村桃子 (2004).『ことばとジェンダー』勁草書房.

中村桃子 (2008).「ホモソーシャル・ファンタジー—スポーツ新聞の世界—」『自然人間社会』45, pp.1-23. 関東学院大学経済学部教養学会.

日本経済新聞 (2014).「学習障害は『学習症』 精神疾患、病名に新指針 アルコール依存症は『使用障害』」日本経済新聞Web刊 2014年5月29日版
<http://www.nikkei.com/article/DGXNASDG2903G_Z20C14A5CR8000/>
(2017年4月2日閲覧)

ネウストプニー, J. V. (1995).『新しい日本語教育のために』大修館書店.

橋内武 (2002).『ディスコース』くろしお出版.

ファン, S. K. (1998).「接触場面と言語管理」『国立国語研究所特別研究 日本語総合シラバスの構築と教材開発指針の作成 会議要録』pp.1-16. 国立国語研究所.

藤沢晃治 (2000).『分かりやすい表現の技術』講談社.

藤田嘉代子 (1994).「『男らしさ』のレトリック—スポーツ新聞に見る『男らしさ』—」『人文論叢』23, pp.1-17. 大阪市立大学大学院文学研究科.

藤村香予 (2013).「二言語話者の談話における『コードスイッチング』・『コードミキシング』の必要性—英国に住む日本人の場合—」『安田女子大学紀要』41, pp.23-32. 安田女子大学.

藤本久司 (2011).「文化の類型とコミュニケーションギャップ」『三重大学人文学部文化学科研究紀要』28, pp.145-155. 三重大学人文学部文化学科.

馬穎瑞 (2014).「疑問文の文末表現の使用に関する一考察」『研究論集』14, pp.173-186. 北海道大学大学院文学研究科.

南雅彦 (2013).「地域方言における変異形の併存状況—同化や混交形に見られる単純化の方向—」『紀要総合政策研究』44, pp.53-83. 関西学院大学総合政策学部・総合政策研究科.

宮原温子 (2013).「コードスイッチングのアコモデーション理論による一考察」『人文学研究』9, pp.165-177. 目白大学.

望月通子 (2010).「接尾辞「〜的」の使用と日本語教育への示唆―日本人大学生と日本語学習者の調査に基づいて―」『関西大学外国語学部紀要』2, pp.1-12. 関西大学.

八木秀文 (2009).「言語学的アプローチによる授業構成に関する研究―ハリデー (Halliday, M. A. K.) の選択体系機能文法を手がかりに―」『広島大学大学院教育学研究科紀要第三部』58, pp.125-130. 広島大学大学院教育学研究科.

鑓水兼貴 (2013).「言語地図にみる方言変化・共通語化―LAJDB編―」『首都圏の言語の実態と動向に関する研究　全国若者語調査地図集』pp.103-110. 国立国語研究所.

鑓水兼貴 (2014).「『首都圏の言語』をめぐる概念と用語に関して」『国立国語研究所論集』8, pp.197-222. 国立国語研究所.

Halliday, M. A. K. & Hasan, R. (1976). *Cohesion in English.* London: Longman. [安藤貞雄・多田保行・永田龍男・中川憲・高口圭輔 (訳) (1997).『テクストはどのように構成されるのか』ひつじ書房.]

Halliday, M. A. K. & Hasan, R. (1985). *Language, context, and text: aspects of language in a social-semiotic perspective.* Melbourne: Deakin University. [筧寿雄 (訳) (1991).『機能文法のすすめ』大修館書店.]

Solano-Flores Guillermo (2006). Language, dialect, and register: Sociolinguistics and the estimation of measurement error in the testing of English language learners. *Teachers College Record, 108*(11), 2354-2379. Teachers College, Columbia University.

[参考ウェブサイト]

井上史雄「新方言辞典稿・インターネット版」
　　<http://triaez.kaisei.org/~yari/Newdialect/>（2017年4月2日閲覧）

大阪大学大学院言語文化研究科言語文化専攻「言語文化学事典」<http://www.lang.osaka-u.ac.jp/lc/research/enclc>（2017年4月5日閲覧）

国立国語研究所HP「所長のメッセージ」影山太郎
　　<http://www.ninjal.ac.jp/info/director/>（2017年4月2日閲覧）

総務省「日本標準職業分類（平成21年12月統計基準設定）　分類項目名」
　　<http://www.soumu.go.jp/toukei_toukatsu/index/seido/shokgyou/kou_h21.htm>（2017年4月2日閲覧）

東北大学大学院文学研究科「東日本大震災と方言ネット　支援者のための知っておきたい熊本方言」
　　<https://www.sinsaihougen.jp/>（2017年4月2日閲覧）

Challenge

[解答はp.185]

問1　次の(ア)〜(ケ)に入れるのに適当なものを選んでください。

① サピア＝ウォーフの2つの仮説のうち、(ア) は、言語が違えば現実を認識する方法が違うというものです。

　1　言語相対論　　　　　　2　言語変種論
　3　言語決定論　　　　　　4　言語位相論

② 社会言語学は、社会的要因である性別、年齢、職業、階層などの (イ) によって異なることばの使い方について研究するものです。

　1　位相　　　2　変種　　　3　属性　　　4　役割

③ (ウ) とは、特定の地域に限定して拡大していく新しいことばや表現のことをいいます。一方、東京方言の「来ない」を意味する関西方言の「ケーヘン」が標準語の「コナイ」と混交して「コーヘン」となりましたが、これを (エ) といいます。

　1　関西弁　　　2　ネオ方言　　　3　新方言

④ (オ) は、国語の統一を目的として、政府主体で広まったものですが、その権威主義的な推進が嫌われる傾向にあり、現在では (カ) という呼び方が一般的に使われるようになりました。

　1　標準語　　　2　共通語

⑤ 個人主義が発達していて共有される情報が少ない状況でのコミュニケーションを行う文化を (キ) 、個人間の情報や知識が多く共有されている場合のコミュニケーションを行う文化を (ク) といいます。

1 高コンテクスト文化　　　2 低コンテクスト文化

第7章 言語運用論

「何年も勉強しているのに英語が全然できない」と頭を抱えている人は多いと思いますが、"できない"とはどういうことなのでしょう？ 文法や単語を知っていても、実際に相手とやり取りをするとうまくいかない、コミュニケーションがうまくいかないという人が多いはずです。

"とにかくたくさん話せ、使え"とよく言われていますが、「使う」「話す」とはどういうことなのでしょう？ ドリル練習なら授業でたくさんやっているのに。

「話す」ということは口から音を出すことではなく、「コミュニケーションをとる」ということです。つまり、相手との適切なやり取りができなければ、コミュニケーションは成立しません。文化や習慣の異なる人とコミュニケーションをとる場合、あるいは、それを外国語で行わなければならない場合を考えると、その難しさは計り知れません。しかし、それに立ち向かわなければ、「何年も勉強しているのに英語が全然できない」から抜け出すことはできないのです。

では、コミュニケーションに必要なものとは何なのでしょう？ 私たちは普段、少なくとも母語でコミュニケーションをとりながら生活しているわけですから、コミュニケーションをとる際に必要なものを身につけているはずです。

この章では、普段意識していないけれど、人とうまくコミュニケーションをとっていくうえで必要不可欠なものについて改めて考えてみることにします。それを理解しつつ、実践していけば「何年も勉強しているのに英語が全然できない」から前進できるかもしれませんよ。

1　コミュニケーション能力とは

近年、コミュニケーション能力という言葉は一般的に広く使われるようになってきました。多くのビジネス本や求人広告などでも目にする機会が増え、その言葉の意味も浸透しつつありますが、この章で扱うコミュニケーション能力の定義は一般的なそれとは異なるものです。

1.1　ハイムズ (Hymes) のコミュニケーション能力 (communicative competence)

先ほど述べたように、正しい文法に関する知識があることと、実際の場面で使用できることは違います。Hymes (1972) は実際のコミュニケーションにおいて、文法的な言語能力だけでなく、コミュニケーションをできるだけ効果的もしくは円滑に行うための能力があると説いて、**コミュニケーション能力 (communicative competence)**[1] を提唱しました。このコミュニケーション能力は言語能力も含めて、いつ誰にどのような言い方・表現で何を伝えるかという能力であるとされています。また、この能力は後に「第二言語習得 (Second Language Acquisition, SLA)」におけるゴールと位置づけられるなど、大きな影響を与えるものとなりました。そのため、これまでに多くの研究者、特にSLA研究者がコミュニケーション能力の定義づけを行っています (第二言語習得に関しては、詳しくは第2巻第1章参照)。ここではその中でも有名なモデルを2つ紹介します。

1.2　カナル＆スウェイン (Canale & Swain) のモデル

Canale & Swain (1980) およびCanale (1983) は、コミュニケーション能力が4つの能力によって構成されているとしました。

カナル & スウェインのモデルにおける文法能力というのは、言語を文法的に正しく理解して、使用する言語能力です。文法規則だけでなく、語彙や発音、文字表記なども含んでいます。**社会言語能力**とは、実際のコミュニケーションの場面において、自分と相手の関係や状況に応じて適切な言動をとったり、理解したりする能力のことです。言語の表面的な意味、つまり、

> **コミュニケーション能力**
>
> 文法能力 (grammatical competence)
> 社会言語能力 (sociolinguistic competence)
> ストラテジー能力 (strategic competence)
> 談話能力 (discouse competence)

図1　カナル & スウェインのモデル (Canale, 1983, p.6)

文字どおりの意味だけでなく、本当の意味、**含意 (implicature)**[(2)] を理解する能力も含まれています。**ストラテジー能力 (strategic competence)**[(3)] とは、実際のコミュニケーションにおいて、コミュニケーション能力が不足している場合やコミュニケーションがうまくいかなくなってしまった場合に修復する能力であると同時に、コミュニケーションの効果を高める技能[(4)] でもあるとされています。つまり、表現したい言葉がわからなくても、コミュニケーションを継続させるために、他の類似した言葉を代用したり、相手に尋ねたりする能力です。最後に**談話能力**は、単文ではなく、意味のある談話[(5)]を理解・産出して、効果的な談話を構成する能力であるとされています[(6)]。この4つの能力のうち、社会言語能力とストラテジー能力、談話能力の3つは、言語や社会、文化による影響を受けない、普遍的な面と、言語や社会、文化によって異なる、普遍的ではない面を持っているため、教育・学習しなければ身につかない能力とされています。

　カナル & スウェインのモデルはコミュニケーション能力の構成要素を提唱した最初のモデルですが、この4つの能力がそれぞれどのような関係にあり、どのように影響するのかについては説明されていません。カナル & スウェインのモデルよりもさらに細かくそれぞれの能力を説明しているのが、**バックマン & パーマー (Bachman & Palmer) のモデル**です。

1.3　バックマン & パーマー (Bachman & Palmer) のモデル

　Bachman & Palmer (1996) では、コミュニケーション能力ではなく、「コ

ミュニケーション言語能力 (communicative language ability)」という用語が使用されています。このモデルがカナル & スウェインのモデルと異なるのは、①言語知識の中で文法知識を含む**構成知識**と**語用論的知識** (カナル & スウェインのモデルでいう、社会言語能力にあたる能力) が独立している点と、②言語能力を知識と考え、それに関係する能力もすべて知識という用語を使用している点、さらに、③ストラテジー能力が重視されている点です。その理由は、コミュニケーション能力には、知識と実際に言語使用する際にその知識を運用する能力があると考えたからなのです。

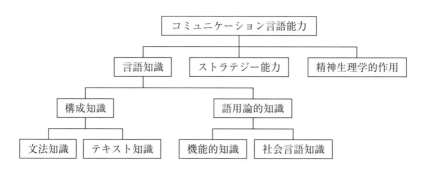

図2 バックマン & パーマーのモデル
(清水 (2009, p.9, 図3) をもとに作成)

　図2の左下にある文法知識とは、語彙や統語、音韻や表記の知識を含む個々の発話や単文に関する知識です。テキスト知識とは、まとまりのあるテキストを形成するためにどのように個々の発話や単文をまとめればいいかということに関する知識であり、この2つの知識をまとめて、構成知識としています。
　一方、語用論的知識とは、機能的知識と社会言語知識の2つから成っています。機能的知識とは、例えば、人間関係を構築・維持するために挨拶をする、暑いので窓を開けてもいいか周りに聞く、といった知識や、悲しいときに悲しいと表現する知識、また、冗談を言う知識など、生活の中でさまざまな行為を行うために必要な知識のことであり、社会言語知識とは、機能的知

識の中から、ある文脈において適切なものを選ぶ知識のことです。

また、バックマン & パーマーのモデルにおけるストラテジー能力は、カナル & スウェインのものとは異なり、場面や状況を判断して、自身の心理的状況を考慮しつつ、常識や言語知識を参照しながら、コミュニケーションの目的を達成する効果的な手段を計画・実行する能力だとされています。

ちなみに、精神生理学的作用というのは、コミュニケーションが行われる際の話者の心理的・生理的状態のことです。

2　ポライトネス (politeness)

当たり前のことですが、相手のことがよほど嫌いでないかぎり、人はコミュニケーションをとる以上、コミュニケーションが適切に成立することを望み、その努力をしながらコミュニケーションを行っています。その努力を分類し、説明しているのが、グライス (Grice) が提唱した**協調の原理 (cooperative principle)** という理論です。

2.1　グライス (Grice) の協調の原理

グライス (1989) が示した協調の原理は以下の4つに分類されています。

　量の公理 (maxim of quantity)
　質の公理 (maxim of quality)
　関連性の公理 (maxim of relevance)
　作法の公理 (maxim of manner)

まず、量の公理というのは、会話において求められている適度な量の情報を提供することを心がけるということです。例えば、人に「昨日、何したの？」と聞かれて、「遊んだ」とだけ答えたとします。これは質問した友人が求めた量の答えを提供していません。質問した側からすると、誰と遊んだのか、どこで遊んだのか、などもう少し教えてほしいと思うはずです。逆に「昨日、何したの？」という質問に対して、「昨日は朝8時に起きて、まず朝ご飯を

食べて、そのあと9時からリビングでテレビを見て……」というふうに、まるで日記のように細かく答えた場合、質問した友人は無駄な情報が多すぎる、つまり、"そこまで聞いていないんだけどなあ"と感じるはずです。

　質の公理というのは、話す内容は常に真実であると確信しているものでなければならず、確信がない場合は言ってはならないということです。もし友人に「明日の授業、休講だよ」と言われたら、おそらくその言葉を信じるはずです。反対に、あなたが友人に休講であると伝える場合には、その情報が100％真実であると自分自身が確信しているはずです。もし、真実であると確信していないなら、例えば、「明日の授業、休講かもしれないって」など、確かではないという旨を相手に伝える必要があります。そうでなければ、基本的に聞き手は発せられた言葉は真実だと信じて会話を行っています。

　関係性の公理というのは、ある話題について話しているときに、その話題に関係のないことは言わないというものです。例えば、「お腹空かない？」という問いに「今日、天気いいね」など関係のない返答をする人はいないはずです。

　最後に作法の公理（様態の公理ともいいます）というのは、はっきりと簡潔に順序よく言うということです。ただ思い浮かんだ言葉を発しても、相手にはうまく伝わりません。話すときには、相手がわかりやすいような工夫をしているはずです。

　これらの公理は、文化や言語が異なっても普遍的なものであり、この公理のもとに、コミュニケーションが行われるというのが前提にあるわけですが、必ずしもこの公理を守らなければならないというわけではありません。あえて守らないからこそ生まれる本当の意味もあるのです。

　次の男女の会話から、Bの真意は何か、考えてみましょう。

　　A：明日、デートしない？
　　B：あさって、試験があるの。

　上記のBの発言はAがデートに誘っているにもかかわらず、あさっての試験について答えているため、関連性の公理を守っていないように思われます

が、このBの発話がAの誘いに対して、断りを意味していることは、何となくわかるのではないでしょうか。

では、次の場合、Cの真意は何でしょう。

（店の前で）
C：最近、アルバイト辞めちゃったし、もうすぐ授業料払わないといけないから、お金ないんだよね。でも、このバッグほしいな〜。

これは発話にまとまりがなく、作法の公理を守っていないように感じ、少々厚かましくも思いますが、恋人同士であれば「買ってほしい」、もしくは、「お金を貸してほしい」という依頼ということになります。

このように、聞き手は話し手が公理を違反している場合でも、話し手の含意、つまり、本当に言いたいことを読み取り、コミュニケーションを進めることができるのです。

しかし、ここで疑問が浮かびます。公理を守らずに会話をするということは、非常に回りくどく、きちんと含意が伝わらない可能性もあるにもかかわらず、なぜ私たち（話し手）はわざわざこのような手段をとるのでしょうか。それは、話し手にコミュニケーションを成立させたいという願いだけでなく、相手との人間関係を大切にしたいという意識が働くからです。先ほどのAとBのデートの会話で、Bははっきり断ってしまえば、相手が傷ついてしまうのではないだろうかと考え、間接的な断り方をしたということになるのです。つまり、相手との関係を良好に保ちながら円滑なコミュニケーションを行うために、時にはわざわざ回りくどい言い方を選択しているということです。この良好な人間関係を保ちたいという配慮を理論化したのが**ポライトネス理論**です。

ポライト（polite）は日本語で「丁寧（な）」などと訳されることが多く、コミュニケーション上での**ポライトネス**と聞くと、日本語の敬語を思い浮かべる人も多いかもしれませんが、ここで扱うポライトネスというのは、敬語も含む、より広義のものです。つまり、良好な人間関係の構築・維持が円滑なコミュ

ニケーションを行うための手段であり、**相手への配慮**であるといえます。これには言語的なものと非言語的なものがありますが、例としてわかりやすい言語的なものを挙げてみます。

例えば、ペンを忘れてしまったので、隣にいる人に借りたい場合、その隣にいる人が親しい友人であれば、「ペン、貸して」でも問題はありませんが、あまり親しくない人だったら、「ペンを貸してください」や「ペンを貸していただけないでしょうか」など、表現が変わります。また、親しさに関係なく、その人がペンを使っている最中であれば、また異なる表現を使うのではないでしょうか。これは、話し手が、その場の状況や相手との関係などさまざまな要因に応じて、表現を変えているということです。表現を変えることで、より円滑に良好な人間関係を構築・維持したコミュニケーションを行い、ペンを貸してもらうという目標が達成できるからです。

このように良好な人間関係の構築・維持において、円滑かつ効果的なコミュニケーションを行うためには，ポライトネスが重要なのです。そのため、これまでに多くの研究者がポライトネスに関する理論を提唱していますが、ここでは、リーチ (Leech) の理論とブラウン＆レビンソン (Brown & Levinson) の理論を紹介します。理論というと、理解しにくくなじみがないように思うかもしれませんが、普段のコミュニケーションの中で起こっていることを改めて思い返してみるとわかりやすいでしょう。

2.2 リーチ (Leech) のポライトネス理論

先ほど述べたように、人は誰かとコミュニケーションを行う際に、それを適切に行うために協調の原理と相手への配慮（ポライトネス）を考慮して、状況や相手に合わせて発話・表現を選択しています。この2つの関係性について、Leech (1983) はポライトネスを協調の原理を補うものであると位置づけ、相互に作用し合っているとしました。

Leech (1983) が提唱するポライトネスの原理（ポライトネスの公理、politeness principle）とは、コミュニケーションを行う際、相手に配慮を示すために行う働きかけのことであり、以下の6つの公理で成り立っています。

気配りの公理（tact maxim）
寛大性の公理（generosity maxim）
是認の公理（approbation maxim）
謙遜の公理（modesty maxim）
合意の公理（agreement maxim）
共感の公理（sympathy maxim）

　気配りの公理とは、相手の負担を最小限にして、利益を最大限にする配慮のことです。例えば、相手が申し訳なさそうに物を借りたいと依頼してきたとき、相手の負担を最小限にするためには、「いいですよ」だけではなく、「いいですよ。私はしばらく使わないので、いつ返してもらってもいいです」と答えたり、あるいは、「私はもう使わないので、よかったら差し上げますよ」と答えたりすることで、相手に利益を与えることもできます。一方、寛大性の公理とは、自分の利益を最小限にして、自分への負担を最大限にする配慮です。いい人間関係を構築・維持していくために、自腹で相手に物を買って差し入れたりする行為、例えば、「このお菓子、すごくおいしいんですよ。食べてもらいたくて、たくさん買ってきたので、どうぞ持っていってください」と相手に勧める行為がそれに当たります。この場合、自分でお菓子の代金を支払って（負担して）、相手にお菓子（利益）を与えているということになります。

　是認の公理とは、相手への非難・批判を最小限にして、賞賛を最大限にすることです。例えば、試合に負けて落ち込んでいる人に「相手が強すぎたんですよ。あなたはできるかぎりのことをしたと思いますよ。いい試合でした」と慰める行為です。一方、謙遜の公理とは、自分への賞賛を最小限にして、非難・批判を最大限にする公理であり、試合に勝っても「今回はたまたま運がよかっただけです」など、謙虚に受け答えする行為です。

　また、合意の公理とは、自分と相手の食い違いを最小限にして、意見の合意を最大限にする公理です。日本の会社の商談の場ではしばしば「検討します」と言って、その場での返答を回避することが行われますが、これは合意の公理を用いた働きかけであるといえます。反対に共感の公理とは、自分と

相手の反感を最小限にして、共感を最大限にすることです。女性同士の会話のほうが共感表現が多いといわれています。

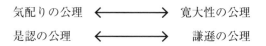

図3　リーチの公理の対

　リーチの公理では、気配りの公理と寛大性の公理、是認の公理と謙遜の公理がそれぞれ対になっています（図3）。相手に配慮するということは自分自身に対して丁寧ではなくなり、自分に配慮するということは相手に対して丁寧ではなくなるということです。人はコミュニケーションを行ううえで、円滑なコミュニケーションが行われるように公理を使い分けているのです。
　つまり、先述したグライスの協調の原理は適切なコミュニケーションを行うための公理であったのに対し、**リーチのポライトネスの原理**は円滑なコミュニケーションの成立をめざすための公理であるわけです。

2.3　ブラウン & レビンソン (Brown & Levinson) のポライトネス理論

　先に述べた隣の人にペンを借りる話に戻ります。ペンを忘れてしまったので、隣の人にペンを借りたいのですが、その隣の人とまったく面識がない、あるいは、見た目が非常に怖そうで声をかけにくい、あるいは、熱心にメモを取っており、ペンを借りる隙がないなどといった場合、隣の人にペンを借りるという行為そのものを諦める人もいるはずです。もちろん、今すぐペンを借りなくてもよい（緊急性の低い）場合であれば、なおさら、ペンを借りる行為を行わないという選択肢を選ぶ人もいるでしょう。こういった選択に関わっているのがフェイス (face)[7] という概念です。面子と訳されることもあり、こちらのほうがイメージしやすいかもしれません。
　フェイスは、人間ならだれもが持っている願望で、ポジティブ・フェイス (positive face) とネガティブ・フェイス (negative face) があります。ポジティ

ブ・フェイスというのは、相手によく思われたい、評価されたい、認められたいという願望であり、ネガティブ・フェイスというのは、相手に邪魔されたくない、悪い印象を与えたくないという願望です。コミュニケーションを行う際、話し手も聞き手も相手によく思われたいと願いつつ、相手に邪魔されたくない、面倒なことには巻き込まれたくないと考えています。

　先ほどのペンを借りるという話に戻って考えてみると、ペンを借りたい話し手は、ペンを借りるという行為をすると相手に嫌な印象を与えてしまう恐れがあります。一方、依頼される側はペンを貸すことで自分のペンのインクを消費される、また、ペンを貸してしまうことで、自分がペンを使いたくても使えない状況に置かれてしまいます。しかし、もしペンを貸すことを断れば、嫌な人間だと思われます。このように実際のコミュニケーションにおいて、話し手も聞き手も、自身のフェイスを脅かす、または、脅かされる可能性があることがわかります。特にペンを借りるなど何か依頼する場合には、相手の行動を制限してしまい、相手のネガティブ・フェイスを侵害してしまうのです。Brown & Levinson (1987) は、この2つのフェイスを脅かさないように配慮することをポライトネスと考えました。

　コミュニケーションを行うということが**フェイス侵害の可能性**を秘めているとすれば、私たちはどうすればいいのでしょうか。普段は意識していませんが、実は、私たちはその可能性を軽減する方法を行っています。Brown & Levinson (1987) はその方法を5段階に分類しています (図4)。

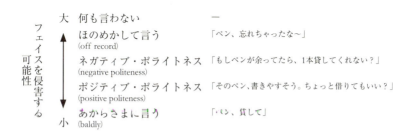

図4　フェイス侵害の可能性を軽減する方法

(Brown & Levinson, 1987, p.69を参考に筆者が作成。例文は筆者によるもの)

もし隣の人が親しい友人で日ごろからペンの貸し借りをしている間柄であれば、フェイスを侵害する可能性が低く、特に気遣いは必要ありません。とはいっても、親しい間柄でも自分の印象をよくしたいと考えれば、ポジティブ・ポライトネスを選択する可能性はあります。

　逆にネガティブ・ポライトネスは相手の行動の自由を侵害しない、つまり、相手に依頼を受けるかどうか選択させる表現です。「貸してください」と言ってしまうと、相手に選択の余地はなくなってしまいますが、「貸していただけませんか」と言えば、相手が貸すか貸さないか選択することができるということです。

　さらに、フェイスを侵害する可能性が高い場合には、直接、面と向かって依頼することを避けて、ほのめかす方法を選択します。例えば、相手に聞こえるように独り言をつぶやいたり、大げさに鞄の中に手を入れて、ペンを探す素振りをして、相手に気づいてもらうのを待ったりして、向こうから救いの手が来るのを待つ方法です。あくまで相手の好意で貸してもらうということになるので、こちらが依頼することで相手のネガティブ・フェイスを侵害する可能性は低くなります。しかし、このような間接的な方法では、相手にこちらの真意に気づいてもらえない可能性があるため、しばしば目標が達成できない、つまり、ペンを借りることができない場合もあります。

　そして、もし隣の人が忙しくメモを取っていて話しかけられない場合や怖そうな人だった場合には、依頼しないという選択肢を選ぶはずです。

　日本語では、他の言語に比べて、ネガティブ・ポライトネスやほのめかしがよく使われるといわれています。日本語学習者は依頼表現（「くれる？」「くれませんか」「いただけないでしょうか」など）を学んでいますが、実際の場面で相手や状況に合わせて、適切に依頼を行うことは難しく、授業でも相手や場面に応じた使い分けを扱うことが少ないのが現状です。

3　誰とどう話すか

　先ほどは具体的な場面を例に出して、状況や相手との関係などによって話すか否か、また、どんな表現を使うかなどが変わるという話をしましたが、

今度は特定の相手とのコミュニケーションにおける表現の違いを見ていきましょう。

3.1　フォリナー・トーク (foreigner talk)

　道を歩いているとき、もしカタコトの日本語を話す外国人が道を尋ねてきたら、あなたはどんな日本語を使うでしょうか。日本人と同じ表現、同じスピードで話す人はあまりいないのではないでしょうか。おそらくできるだけ簡単な日本語でゆっくり説明するでしょう。このように第二言語を学ぶ学習者の理解や発話を助けるために、母語話者が使う簡略化した話し方を**フォリナー・トーク**といいます。フォリナー・トークには以下のような特徴があります。

① 　ゆっくり発話して、はっきりと発音する。
② 　使用頻度の高い語彙・文法を使用する。
③ 　短文で、シンプルな構文を使用する。
④ 　相手が理解できたかどうか確認する。
⑤ 　相手の発言を確認する。

　①には、あした/テスト/が/あります、というように1文を単語や文節で細かく区切って発話したり、くり返して言ったりすることも含まれます。②は、例えば、体調が悪い学習者に何かアドバイスをする場合、「病院へ行く」「病院で（先生に）診てもらう」「病院で診察を受ける」では、「病院へ行く」ということばを選ぶ人が多いのではないでしょうか。また、学習者の日本語のレベルが低ければ、例えば、英語のhospitalなど、他の言語を使うかもしれません。また、文法に関しても、「病院へ行ったほうがいいですよ」「病院へ行ったらどうですか」よりも「病院へ行ってください（ね）」という表現を選ぶ人が多いでしょう。③は、「駅前にできた新しい店がすごくおいしいらしいです」といった複雑な文を、「駅の前に新しい店があります。とてもおいしいと聞きました」というように簡単な文に言いかえたり、敬語などを省略したりするといったものです。④は、母語話者が発話後に学習者に「いいですか」「わかり

ましたか」などで相手の理解を確認し、⑤は、学習者が「明日学校を休みます」と発話した後に母語話者が「明日学校を休みます、来ません」と学習者の発言をくり返したり、言いかえたりして内容を確認するというものです。

3.2 ティーチャー・トーク (teacher talk)

フォリナー・トークと同様に、第二言語学習者に対して、母語話者が言語を簡素化する話し方を教室で教師が行うものを**ティーチャー・トーク**といいます。ティーチャー・トークには、フォリナー・トークで挙げた特徴①〜⑤に加えて、次の⑥の特徴も見られます。

⑥　正しい文法を使う。

普段、母語話者が話している発話は文法的に正しくないということも少なくありません。例えば、「全然いいです」は現在は文法的に正しくないといわれていますが、日常生活ではよく使われています。しかし、教師はたとえ普段よく使われているような言葉や表現でも、文法的に正しくないものは使いません。とはいっても、教師は学習者のレベルに合わせて、発話しなければならないため、時には不自然な日本語を話すこともあります。例えば、翌日の試験のアナウンスをする場合、「遅刻したら受けられません」と説明したくても、初級の学習者に説明する場合には、「テストは9時からです。8時50分に来てください。9時に来ます。だめです」というように文法的には正しい文でも、自然な日本語ではない発話が多く見られます。

また、①〜⑥までは相手と"どう"話すかという特徴を見てきましたが、"何を"話すかという点に目を向けてみると、ティーチャー・トークには、次の⑦のような特徴が見られます。

⑦　答えが明らかな質問をする。

⑦は外を見ながら「今日の天気はどうですか」、鉛筆を指さしながら「これは何ですか」など、答えを知りたくて質問しているのではない質問 (提示

質問 (display question)[8] といいます) のことです。ティーチャー・トークは教室の外で使われている実際の使用とは異なって、不自然な言い回しも多いですが、初期の学習段階では効果的なインプットであるとされています。

3.3 ベイビー・トーク (baby talk)

大人同士の会話とは異なり、大人が幼い子どもに話しかける場合には、その会話が子どもの言語獲得のためのインプットとしての役割を果たすことがあります。子どもに向けた簡略化された言語が**ベイビー・トーク**(**baby talk**)[9]です。これには、以下のような特徴があります。

⑧　質問文が多い。
⑨　指示文が多い。
⑩　大人と子どもが一緒に会話を構築する。
⑪　大人が子どもの代役となって会話を成立させる。
⑫　特有の語彙や発音がある。

大人は無意識に子どもからの発話を引き出そうとするので、質問形式の発話が多くなります。また、理解を見るために何かを指示することも多く、子どもが発する単文や文に付け加えたり、言いかえをしたりすることも多いといわれています。このような特徴は、子どものことばの発達段階に合わせて、大人が無意識に調整しています。

このように、特定の相手や場面では、これまでに述べたような理論には当てはまらない選択が行われることがあります。それは、コミュニケーションの成立による達成すべき目的が異なるからです。しかし、それも相手への配慮からくるものと考えることもできます。

〈グループワーク〉

今までに、相手によって話し方を変えた経験がありますか。経験があれば、いつ、誰に、どのような話し方をしたか、どうして話し方を変えたのか、グループで話し合ってみましょう。

4　最近の流れ

　近年、レベルの高い学習者（例えば、日本国内の大学に在籍する留学生）に対して、より適切な表現を選択するための授業や言外の意味、つまり、言葉の裏に隠された本当の意味に関する授業が行われるようになってきました。日本で生活する学習者が避けて通れないものに、やはり敬語があります。ブラウン＆レビンソンのポライトネス理論では、敬語はネガティブ・ポライトネスの一部、つまり間接的な表現であると位置づけられていますが、それは西洋的だと批判する意見もあるようです。

　Ide (1989) および井出 (2006) は**わきまえ**[10] (discernment) という概念を用いて、日本語の敬語を説明しています。日本語の敬語は、間接的な表現の程度を高めるものではなく、話し手と聞き手の関係に応じて使い分けられます。その際の指標となるのが、**ウチとソト**の概念です。例えば、大学生でも、親しい同級生には敬語を使わないのに対し、ほとんど関わりのない同級生に対して、敬語を使用することがあります。また会社でも、社内では上司と敬語で話していても、社外の人と話す場合には、その上司に対する敬語は一切使わず、上司の名前も呼び捨てにします。場面によって異なる場合もありますが、このように日本語では基本的にソトの人へは敬語を使い、ウチの人には使いません。

　もし、頻繁にコミュニケーションをとる同級生が、あなたと話すとき、いつまでも敬語を使っていたら、あなたは違和感を覚えるでしょうし、相手との心理的な距離を感じるでしょう。また、あなたがあまり親しくない同級生と話しているときに、「この人、馴れ馴れしいな」と不快に感じたとすれば、それはあなたが相手をソトの人であると認識しているにもかかわらず、相手はあなたをウチの人と認識しているということになります。日本人は、この使い分けのルールをわきまえてコミュニケーションを行うことで、相手への負担を減らし、ルールをわきまえたコミュニケーションをとることで、相手に共感を与えることになるのです。

　相手への配慮など、言語や文化は違っても普遍的なことに目を向けてみると、言語というものを違った角度から見つめ直せるかもしれません。

[注]
(1) 「伝達能力」ともいいます。
(2) Grice (1967) が提唱した「会話の含意」は、文字どおりの意味、言内の意味ではなく、状況や場面によってその意味が変わる、言外の意味を研究するきっかけとなりました。
(3) 「方略的能力」ともいいます。
(4) この技能はCanale (1984) によって追加されました。
(5) 談話とは、話されたり書かれたりした文が複数集まってできた集合体のことです。ただ文をつなげたり、並べたりしたものではなく、コミュニケーションを目的とした文の集まりです。
(6) コミュニケーションにおける効果という点で考えると、ストラテジー能力と談話能力には重複する部分があるといえるでしょう。
(7) フェイスという概念を提唱したのは、ゴフマン (Goffman) です。社会学者であったゴフマンは、人間をフェイスを持った行為者 (actor) と捉え、人間の行動や社会を説明しようとしました (Goffman, 1967)。
(8) 一方、教師も答えを知らない質問を指示質問 (referential question) といいます。例えば、「昨日、何をしましたか」「日本についてどう思いますか」などです。
(9) 「ケアテイカー・スピーチ」(caretaker speech, 養育者の話し方)、あるいは、「子どもに向けられたスピーチ」ともいいます。
(10) 井出 (2006, p.115) は、「わきまえ」を「社会的にこれはこういうものだとして認められているルールにほとんど自動的に従うことを意味し、それは言語行動についても非言語行動についても言えることであって、これをひとことで言い直すと、期待されている基準に従うことである」と定義しています。

[参考文献]
アークアカデミー (編) (1998).『新合格水準 日本語教育能力検定試験用語集』凡人社.
井出祥子 (2006).『わきまえの語用論』大修館書店.
小柳かおる (2004).『日本語教師のための新しい言語習得概論』スリーエーネットワーク.
清水崇文 (2009).『中間言語語用論概論—第二言語学習者の語用論的能力の使用・習得・教育—』スリーエーネットワーク.
高見澤孟 (監修) (2000).『新・初めての日本語教育 基本用語辞典』アスク出版.
Bachman, L. F., & Palmer, A. S. (1996). *Language testing in practice: Designing and developing useful language tests*. Oxford: Oxford University Press.
Brown, P., & Levinson, S. C. (1987). *Politeness: Some universals in language usage*. Cambridge: Cambridge University Press. [田中典子 (監訳) (2011).『ポライトネス 言語使用における、ある普遍現象』研究社.]
Canale, M. (1983). From communicative competence to communicative language pedagogy. In J. C. Richards & R. W. Schmidt (Eds.), *Language and communication* (pp.2-27). London: Longman.

Canale, M. (1984). A communicative approach to language proficiency assessment in a minority setting. In C. Rivera (Ed.), *Communicative competence approaches to language proficiency assessment: Research and application* (pp. 107-122). Clevedon: Multilingual Matters.

Canale, M. & Swain, M. (1980). Theoretical bases of communicative approaches to second language teaching and testing. *Applied Linguistics, 1*(1), 1-47.

Goffman, F. (1967). *Interaction ritual: Essays on face-to-face behavior.* New York: Basic Books.

Hymes, D. (1972). On communicative competence. In J. B. Pride & J. Holmes (Eds.), *Sociolinguistics* (pp.269-293). Harmondsworth: Pengoin.

Ide, S. (1989). Formal forms and discernment: Two neglected aspects of universals of linguistic Politeness. *Multilingua, 8*(2), 223-248.

Leech, G. (1983). *Principle of pragmatics.* London: Longman.

Grice, H. P. (1989). *Studies in the way of words.* Cambridge, MA: Harvard University Press.

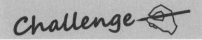

[解答はp.185]

問1　グライス (Grice) の協調の原理に基づいて考えると、以下の会話では公理に違反しています。それぞれ、以下のどの公理に違反しているか選んで、(　) に書いてください。

```
量の公理    質の公理    関連性の公理    作法の公理
```

① A：悪いけど、この仕事、頼める？
　 B：できないことはないですけど。
　 A：そんなに忙しいなら、いいよ。
　　　　　　　　　　　　　　　　　　　(　　　　　)

② A：もしもし、ちょっと相談したいことがあるんだけど。
　 B：今、何時かわかってる？
　　　　　　　　　　　　　　　　　　　(　　　　　)

問2　次のBの返答の中で、最もAへの配慮が見られるものを1～3の中から選んでください。また、その理由も説明してください。

① A：お仕事中、すみません。今ちょっといいですか。
　 B：　1　はい、何でも言ってください。
　　　 2　大丈夫ですよ。気にしないでください。
　　　 3　ちょうど区切りがついたところです。
　　　　　　　　　　　　　　　　　　　(　　)

② A：さっきの試験、難しかったなあ。
　　B：┌　1　そうだね。結構、勉強したのにね。
　　　　┤　2　追試は嫌だよね。
　　　　└　3　終わったことだから、落ち込んでもしかたがないよ。

（　　）

【Challengeの解答】

【第1章】
①対照分析　②誤用分析　③化石化・定着化　④連合理論
⑤普遍文法　⑥否定証拠　⑦手続き的知識　⑧共同注意
⑨退行仮説　⑩モニター仮説

【第2章】
（例）　「わたし」が「わたーし」と長くなっている。
→リズムの誤りが起こっている。拍の長さに誤りがある。
「おに」は「あに（兄）」か。
→母音の発音、口の開き具合（および、下の位置）が、少し違っている。
「かいさいん」の「さ」は「しゃ」だった。
→子音の調音点が間違っている。

【第3章】
①語形　②語義　③10,000　④1,500　⑤語彙
⑥形態素　⑦語　⑧接頭辞　⑨転音（母音交替）　⑩連濁
⑪連声　⑫音便　⑬意義素　⑭意味特徴　⑮オノマトペ
⑯⑰擬音語，擬態語　⑱コロケーション（共起関係）
⑲比喩　⑳～㉓直喩，隠喩，提喩，換喩

【第4章】
（例）　動詞「着る」は、辞書形が「る」で終わり、「-iる」なのでⅡグループである。Ⅱグループは、「る」を「て」に変えれば、「テ形」の「着て」が比較的容易に導き出せるはずである。しかし、「着る」と同じ音を持つ動詞に「切る」があり、「切る」も原則でいくとⅡグループであるが、これは例外にあたりⅠグループである。Ⅰグループの「テ形」

は、「る」を「って」に変える必要がある。学習者はそもそも、動詞のグループ分けでつまずいた、あるいは、ⅠグループとⅡグループの「テ形」の作り方を正しく覚えていなかったと考えられるが、くわえて、例外の「切る」を覚えて、同音の「着る」を同じように考えてしまった可能性も考えられる。(294字)

【第5章】

① 4　② 2　③ 5　④ 1　⑤ 4
⑥ 2　⑦ 4　⑧ 2　⑨ 1　⑩ 4
⑪ 1

【第6章】

① （ア）1
② （イ）3
③ （ウ）3　（エ）2
④ （オ）1　（カ）2
⑤ （キ）2　（ク）1

【第7章】

問1　①作法の公理　②関連性の公理
問2　①3
　　（例）「忙しいのに、時間をとって申し訳ない」と思っているAに対して、「ちょうど区切りがついたので、話す時間はある」とAへの配慮が見られるため。

　　②1
　　（例）本音はともかく、「試験が難しかったので、結果が心配だ」と思っているAに共感することで、Aに仲間がいると安心させているため。

あとがき

　本シリーズの企画が持ち上がったのは 2014 年のことでした。その年の夏、監修者の一人である坂本正先生を中心に、日本語教育の概要を学ぶために必要な分野をリストアップすることから始まりました。そして、日本語教育の現場に長く携わってきた専門家が執筆を担当することになりました。

　執筆者は、皆、坂本先生から多くのことを学んできました。ゼミ生として研究のイロハを学んだ人もいますし、同業者として、日本語教育という学界をどのように盛り上げていくか、夜な夜な一献傾けながらお話しし、その懐の深さに大ファンになった人もいます。「坂本先生はどんな先生ですか」と聞かれたら、どの人もまず「ダジャレが得意な先生」と口を揃えて言うでしょう。「コーダー（第二言語習得の研究者）はね、文句の多いおじさんだったらしいよ。あーだこーだってね。」ある日の教室は笑いに包まれました。坂本先生のユーモア精神にあふれる温かい励ましがなければ、本シリーズが日の目を見ることはなかったと、あとがきを書きながら、改めて感じています。

　本書の制作をともにした執筆者、そして凡人社は、皆、坂本先生の日本語教育に対する情熱、人を育てることへの熱意が大好きです。今回こうしてご一緒できたことを心から光栄に思っています。このようなかたちでここに記すことは、読者の方を驚かせてしまうとも思いましたが、私たちが出会った素晴らしい先生に、敬意と感謝を表したいと思います。

　最後に、シリーズをとおして私たちとともに、日本語教育の世界を歩み、さまざまな「道しるべ」を探し、見つけてこられた読者の皆さんにも、お礼申し上げます。日本語教育は、学校の中だけで起こっていることではありません。読者の皆さんの目の前に広がる世界のどこかにも、日本語教育は必ずつながっています。皆さんの世界が少し広がって、日本語ということばを学ぶ人を中心に輪が広がり、皆が手を取り合える世界にできたら素敵ですね。

　日本語教育の世界にようこそ。そして、ここから一緒に歩き出しましょう。

2017 年 5 月
監修、編者一同

キーワード索引

1, 2, 3
9カ月革命 2

A
agreement maxim 173
approbation maxim →是認の公理
aspect →アスペクト
attribution →属性

B
baby talk →ベイビー・トーク
Bachman & Palmer 167

C
code-switching →コードスイッチング
communicative competence
　　　　→コミュニケーション能力
context →コンテクスト
cooperative principle →協調の原理

F
FLA →第一言語習得
Focus on Form 19
Focus on Forms 19
Focus on Meaning 19

G
generosity maxim →寛大性の公理

H
high context culture 152

I
($i+1$) 15
implicature →含意

L
language form 140

language type 140
low context culture 152

M
maxim of manner →作法の公理
maxim of quality →質の公理
maxim of quantity 169
maxim of relevance →関連性の公理
modality →モダリティ
modesty maxim →謙遜の公理

O
OJAD 44, 46

P
political correctness →ポリティカル・コレ
　　　　クトネス

R
register →レジスター

S
Sapir-Whorf Hypothesis 139
SLA →第二言語習得
speech accomodation →スピーチ・アコモ
　　　　デーション
SR理論 (Stimulus-Response Theory)
　　　　......11
strategic competence →ストラテジー能力
sympathy maxim 173

T
tact maxim →気配りの公理
tense →テンス
text →テクスト
theory of linguistic determinism 139
theory of linguistic relativity 139

V

VT法 (Verbo-Tonal Method) 43

あ

アーウー喃語 2
相手への配慮 172, 179, 180
アウトプット仮説 14
アクセント 29, 30, 31, 35, 41, 44, 45, 51, 53, 73, 147
あし 112
アスペクト 97, 98
アメリカ構造言語学 6
誤り (error) 4, 7, 8-10, 12, 29, 37, 38, 40, 42, 67, 78

い

意義素 62, 63
異字同音 114
異字同訓 114
位相 67, 163
意符 111
イマージョン・プログラム 17
意味交渉 16-18
意味特徴 63, 65, 66
インターアクション仮説 14, 16
インテイク 16
イントネーション 30, 31, 41, 42, 99
インプット仮説 15
隠喩 68

う

ヴェルボ=トナル法 43
ヴォイス 93
受身文 92, 93
ウチとソト 180

え

円唇性 35

お

送り仮名 114, 115
オノマトペ 64, 73
音韻 33, 34, 37-39, 45, 168
音韻論 27, 33-35, 45
音声学 27, 34, 38, 45
音声環境 35
音節 32, 33, 41, 42, 110, 115, 124
女手 119
音便 60, 61
音符 41, 111
音読み 56, 113, 114, 123
オンライン日本語アクセント辞書 44

か

会意文字 111, 112
下位語 66, 68
開口度 35
外国語 1, 3, 33, 52, 56, 70, 80, 124, 153
楷書 110, 130
回避 9, 173
外来語 55-57, 120, 126-129, 132
「外来語の表記」 126, 128
会話調整 16
格 83, 103, 104
学習 11, 14, 19, 20
学習者言語 7, 10
仮借文字 111, 112
過剰般化 8, 78
化石化 10
カタカナ 34, 35, 55, 56, 73, 107, 109, 110, 119, 120, 121, 127, 129-131
学校文法 79, 81, 87, 100, 103, 115
活用 1, 44, 58, 83, 85-89, 103, 115, 129, 131, 132, 149
カナル＆スウェインのモデル 166-168
かまえ 112
含意 167, 171, 181
漢音 113
漢語 55-57

漢字 20, 44, 50, 55-57, 73, 107, 109-114, 116-119, 121, 129-131, 140, 141, 144
漢字かな交じり文 109, 116, 124
漢字圏 118
簡体字 118
寛大性の公理 173, 174
かんむり 112
換喩 68
簡略化 8, 9
関連性の公理 169, 170

き

擬音語 64, 73, 120
気配りの公理 173, 174
基礎語彙 52, 53
擬態語 64, 73, 120
機能語 18, 57, 58
基本語彙 52, 53
共感の公理 173
共起関係 65, 66
教師誘導 (induced) による誤り 9
教師誘導による誤り 9
協調の原理 169, 172, 174
共同注意 2, 3
許慎 110
金文 110

く

訓読み 56, 113, 114
訓令式 125, 126, 131

け

軽音節 32
敬語 67, 82, 100, 102, 104, 171, 177, 180
形声文字 110, 111
系統的な誤り 8
形容詞 ......8, 9, 18, 57, 60, 61, 77, 78, 80, 84, 87, 88, 115, 148, 149 [→ナ形容詞]
形容動詞 57, 60, 77, 79, 80, 87, 148
言語化 17

言語獲得装置 12
言語間誤用 8
言語形式 14, 16, 17, 140, 172
言語決定論 139
言語使用域 140, 151
言語生活 150
言語接触 3, 10, 18, 147, 148, 150, 152, 153
言語相対論 139
言語内誤用 8
言語能力 5, 15, 166, 168
言語変種 →バリエーション
言語類型論 83
謙譲語 82, 100, 101, 104
謙遜の公理 173, 174
「現代かなづかい」 119, 122
「現代仮名遣い」 120, 122, 123

こ

語 53
語彙 13, 18, 44, 50-54, 56, 62, 63, 70-73, 100, 147, 150, 151, 154, 166, 168, 177, 179
語彙量 54, 73
合意の公理 173
甲骨文字 110
高コンテクスト文化／高文脈文化 152
合成語 58, 60
構成知識 168
肯定証拠 12
行動主義心理学 6, 11
コードスイッチング 150, 153-155
呉音 113
語義 51
国字 112, 116
語形 35, 51, 62, 148
語構成 59, 60
語種 55, 57
語順 83, 84, 154
語数 ......54 [→異なり語数, 述べ語数]
異なり語数 54, 55, 73

コミュニケーション能力 5, 166-168
誤用分析 7, 8
語用論的知識 168
コロケーション 65, 66, 71
混種語 56, 57
コンテクスト／コンテキスト 150, 152

さ
挫折 16, 17
サピア＝ウォーフの仮説 139
作法の公理 169-171

し
子音 2, 32-38, 61, 114, 126, 131, 132
使役文 93
ジェンダー 140, 141
閾値仮説 18
歯茎 36
刺激 11, 12
刺激の貧困 12
自己モニター 40, 45
自己モニター型ストラテジー 40
指事文字 111
時制 13, 96
自然習得順序仮説 14
舌の前後位置 35
実質語 57, 58
質の公理 169, 170
シネクドキ 68
シミリ 68
社会言語能力 166-168
借用語 57
重音節 32
習慣形成 11, 12
従属節 85
集団語 145, 146
習得 1-5, 8, 37-40, 44, 77, 78, 90, 95, 129, 131
習得・学習の仮説 14
重箱読み 114

熟字訓 114, 117
授受動詞 94, 104
授受表現 94, 95
主節 85
述語 59, 73, 84, 85, 87, 96, 97, 103, 104
上位語 66, 68
情意フィルター仮説 16
象形文字 111
条件づけ 11
畳語 58, 59, 73
常用漢字表 114, 116-118, 131, 132
省略語 144
初級文法 80-82
助詞 9, 18, 54, 56, 57, 78, 83, 90, 122
女性ことば 139, 140
新方言 148, 149, 158, 160, 162, 163

す
ストラテジー能力 167-169, 181
スピーチ・アコモデーション 150, 155
スピーチ・スタイル 149

せ
声帯 37
声帯振動 36, 37
生得主義者 11
正の転移 6
接触場面 137, 150, 152, 153
接頭辞 54, 60
接尾辞 54, 60
是認の公理 173, 174
宣言的知識 19
謙遜の公理 173

そ
相 97
促音 32, 34, 43, 61, 62, 120, 122, 126, 128
属性 89, 139, 140, 146
尊敬語 82, 100, 101

た

第一言語 2
第一言語獲得 2
第一言語習得（FLA）......2-5
対義語 65, 66
退行仮説 18
対照分析 6-8
第二言語 3-7, 10, 177
第二言語習得（SLA）......1, 3-5, 8, 10, 14, 16, 20, 166
第二言語習得論 2, 19
多義語 68, 69
多重臨界期の仮説 13
たれ 18, 39, 112
単語 19, 29, 52-54, 62, 66, 122, 129, 156, 165, 177
単純語 58
男性ことば 139, 140
単文 85, 167, 168, 179
談話能力 167, 181

ち

地域方言 139, 146-148, 150, 155
中間言語 10, 16
中間言語仮説 10
中間言語分析 9
長音 32, 34, 64, 120-123, 126, 128
調音点 36, 37
長音符号 121, 128
調音法 36, 37
超分節音 30
直音 120, 122, 125
直喩 68

つ

つくり 112, 129, 130

て

ティーチャー・トーク 151, 178, 179
低コンテクスト文化／低文脈文化 152
定着化 10
丁寧語 100, 104
丁寧体 100, 103, 158
提喩 68
テキスト 102, 152, 168
できる 20, 132
テクスト 150, 152
手続き的知識 19, 25
転音 60
篆書 110
テンス 96-98
転注文字 111, 112

と

同位語 66
唐音 113
同音異義語 68, 69
同音異字 114
同義語 68
東京方言 29, 146
同訓異義語 68, 69
同訓異字 114
動詞 ......8, 9, 13, 18, 53, 57, 60, 61, 65, 73, 78, 83-86, 89, 96-101, 103, 104, 114, 115, 123, 143, 147, 149 [→授受動詞]
特殊拍 31, 32, 34-56
特別敬語 100, 101

な

内容語 18, 57, 154
ナ形容詞 79, 80, 82-84, 87-89, 103
軟口蓋 36

に

日本語教育のための文法 80
『日本語能力試験　出題基準［改訂版］』 81, 104
日本式（ローマ字）......125, 126, 131
「日本標準職業分類」......141
にょう 112

ね
ネオ方言 148, 149

の
延べ語数 54, 55

は
拍 31-35, 42, 56
派生語 58-60
撥音 32, 34, 35, 61, 120, 122, 126, 128
バックマン＆パーマー（Bachman & Palmer）のモデル 167
バリエーション 146, 147, 150, 151
破裂音 36
繁体字 118
半濁点 120
反応 11, 12

ひ
非漢字圏 118
否定証拠 12, 25
比喩 67, 68
表意文字 110
表音文字 110
表外音訓 117
表記形 51
ひらがな 30, 34, 55-57, 73, 107-110, 114, 116, 119-121, 124, 127, 129-131

ふ
フェイス侵害の可能性 175
フォリナー・トーク 151, 177, 178
複合語 56, 58, 59, 144
複文 85
部首 112
普通体 100, 158
負の転移 6, 8
普遍文法 12
振り仮名 109, 116, 132
プロソディー 29, 30, 38, 41, 42, 44

プロソディーグラフ 41, 42, 44
文脈 15, 30, 31, 69, 72, 152, 169

へ
ベイビー・トーク 151, 179
ヘボン式 124-126, 131, 132
へん 112, 129, 130

ほ
母音 2, 32-37, 60, 109, 114, 121, 126
母音交替 60
方言区画 146
母語 1-3, 5-8, 10, 14, 15, 17, 19, 34, 37-41, 45, 49, 52, 70-72, 77-79, 81, 100, 139, 153, 165
母語獲得 2
母語の干渉 8
ポライトネス ......169, 171, 172, 175 [→リーチのポライトネスの原理]
ポライトネス理論 171, 172, 174, 180
ポリティカル・コレクトネス 141, 143
本土方言 146

ま
摩擦音 36
間違い（mistake）......7

む
無声音 37

め
名詞 8, 9, 18, 57, 58, 60, 64, 77, 78, 82-84, 87, 89, 90, 103, 104, 115, 154
名詞文 87, 89
メタファー 68
メトニミー 68

も
モーラ 32
目標言語 6, 7, 9, 10, 14, 153

モダリティ 99, 100, 103, 148
モニター 15, 40
モニター仮説 15, 25
モニター・モデル 14

ゆ
有声音 37
湯桶読み 114

よ
四つ仮名 123

り
リーチのポライトネスの原理 174
理解可能なアウトプットの仮説 17
理解可能なインプット 15-17
六書 110
琉球方言 146
両唇 2, 36
量の公理 169
臨界期の仮説 13

る
類義語 65, 68
ルビ 116, 144

れ
隷書 110
歴史的仮名遣い 121, 122, 136
レジスター 140, 150, 151, 162
連合理論 11
連声 60, 61
連濁 53, 60, 61

ろ
ローマ字 32-34, 108, 124-126, 129-131
「ローマ字のつづり方」 126
論理的な問題 11, 12

わ
分かち書き 124
若者ことば 137-139, 145, 146, 153
わかる 20
わきまえ 180
和語 55-57, 73
和製漢語 56
和製漢字 112

【著者一覧】

坂本正（さかもと　ただし）　第1章、監修
　　米国ボストン大学大学院教育学研究科応用心理言語学専攻博士課程修了
　　Ed. D.（応用心理言語学）
　　南山大学　名誉教授、名古屋外国語大学　名誉教授・特任教授

川崎直子（かわさき　なおこ）　第6章、監修
　　南山大学大学院人間文化研究科言語科学専攻博士後期課程修了　博士（言語科学）
　　愛知産業大学短期大学国際コミュニケーション学科　准教授

石澤徹（いしざわ　とおる）　第2章、監修
　　広島大学大学院教育学研究科文化教育開発専攻日本語教育学分野博士後期課程修了
　　博士（教育学）
　　東京外国語大学大学院国際日本学研究院　准教授

坂本勝信（さかもと　まさのぶ）　編者
　　南山大学大学院外国語学研究科日本語教育専攻修士課程修了　修士（日本語教育）
　　常葉大学外国語学部グローバルコミュニケーション学科　教授

手嶋千佳（てしま　ちか）　第7章、編者
　　南山大学大学院人間文化研究科言語科学専攻博士前期課程修了　修士（言語科学）
　　元 名古屋外国語大学国際日本語教育インスティテュート　非常勤講師

松本恭子（まつもと　きょうこ）　第3章
　　南山大学大学院人間文化研究科言語科学専攻博士後期課程修了　博士（言語科学）
　　元 愛知産業大学短期大学　非常勤講師

舩橋瑞貴（ふなはし　みずき）　第4章
　　早稲田大学大学院日本語教育研究科博士後期課程修了　博士（日本語教育学）
　　日本大学国際関係学部国際総合政策学科　准教授

山森理恵（やまもり　みちえ）　第4章
　　南山大学大学院外国語学研究科日本語教育専攻修士課程修了　修士（日本語教育）
　　明治大学国際連携機構　特任准教授

加藤文（かとう　ふみ）　第5章
　　南山大学大学院人間文化研究科言語科学専攻修士課程修了　修士（言語科学）
　　ECC日本語学院名古屋校　勤務

第5章　「図1　ひらがなの成立例」書：林朝子

日本語教育への道しるべ
第2巻　ことばのしくみを知る

2017年 5月20日	初版第1刷発行
2023年 4月20日	初版第4刷発行

監　修　者	坂本正，川崎直子，石澤徹
編　　　者	坂本勝信，手嶋千佳
著　　　者	坂本正，石澤徹，松本恭子，舩橋瑞貴，山森理恵，加藤文，
	川崎直子，手嶋千佳
発　　　行	株式会社凡人社
	〒102-0093　東京都千代田区平河町1-3-13
	TEL：03-3263-3959
カバーデザイン	コミュニケーションアーツ株式会社
印刷・製本	倉敷印刷株式会社

ISBN 978-4-89358-926-2　©Tadashi Sakamoto, Toru Ishizawa, Kyoko Matsumoto, Mizuki Funahashi, Michie Yamamori, Fumi Kato, Naoko Kawasaki, Chika Teshima 2017 Printed in Japan

定価はカバーに表示してあります。乱丁本・落丁本はお取り換えいたします。
＊本書の一部あるいは全部について，著作者から文書による承諾を得ずに，いかなる方法においても無断で
　転載・複写・複製することは法律で固く禁じられています。